樋口裕一

凡人のためのあっぱれな最期

古今東西に学ぶ死の教養

GS
幻冬舎新書
718

2022年8月
妻が亡くなった。
妻は私より10歳年下で
私の死後30年くらいは生きていくものと思い込んでいたら
61歳
71歳
私より先に死んでしまった。

2021年4月に異常出血があり
子宮体癌が見つかった。
6月に手術は成功したが
翌年1月に再発が判明。
抗癌剤治療などを行ったが
7月には孫娘と旅行も楽しんでいた
8月に病状が急変して
ホスピスに入って
ひと月も経たず帰らぬ人になったのだった。

その間
家族はあたふたとし、
治療法を調べる息子
時に絶望し、
検査結果に一喜一憂したのだったが……

ただ一人、泰然としていたのが
あそこにカワセミいるわ
妻本人だった。
バードウォッチングが趣味

抗癌剤治療で具合が悪い時
こんなことしてたら
ハァーーー
何もできないまま死んじゃうよ
少しくらい死ぬのが早くなってもいいから
温泉行きたい…
動けるようにしてほしいわー
と、ぼやいていたが
死を恐れて嘆くことはなかった。
まぁまぁ

私を含めて
ホスピスに入ったこと
お義兄さんとお義姉さんに連絡しようか？
……
とりあえずお姉さんにだけ伝えて
妻は誰にも死について嘆くことなく
苦しみを口にすることはなく
ポンッ
来るとき
水のペットボトル
200mlを2本
買ってきて
ホスピスに入ってから電話やLINEは「○○を買ってきて」だった。
あっぱれな最期を迎えたのだった。

妻は達観した人間ではなく
高僧のような人格者でもなかった。
むしろ
なんでこんな頼んでないもん買ってきたのよ!
しばしば感情的になり
あれこれ当たり散らすこともある
むしろ怒りっぽい
欠点の多い普通の人間だった。
私
息子
娘
私は妻の最期に驚嘆し、
なぜ妻が「あっぱれな最期」を迎えることができたのか
考えた。

凡人のためのあっぱれな最期／目次

漫画　ひえじまゆりこ
企画・編集　木田明理
DTP　美創

第一章

妻のあっぱれな死

ただ一人、泰然と逝く

２０２２年８月、妻・紀子が亡くなった。61歳だった。現在では若すぎる死と言って間違いないだろう。妻は私より10歳年下で、しかもほぼ専業主婦。女性でもあり、ストレスなく生きていることから、私の死後30年か、ことによったら40年も生きていくものと思い込んでいたのだったが、私よりも先に逝《い》ってしまった。

２０２１年の４月に異常出血があり、近くの医院で診てもらったところ、癌《がん》の疑いがあるとのことで大きな病院での検査を勧められ、結果として、子宮体癌が見つかった。

病院で６月に手術。ともあれ手術は成功した。その後、標準治療を進め、８月から抗癌剤治療も行った。少しやせ、髪は抜けたが、その時点では、抗癌剤の副作用も覚悟していたほどひどいものではなく、このまま治療を続ければ、あと数年は少なくとも生きていけるに違いない、うまくすると、癌と付き合いながら天寿《てんじゅ》を全うできるかもしれないという期待を抱いていた。

ところが、２０２２年に入ったばかりの１月にＭＲＩ検査を受けて再発が判明した。

病院での治療は妻に合わず、少しも効果を示さないばかりか、むしろ妻の身体は弱るばかりだった。標準治療だけでなく、怪しげな「先端医療」も試みた。

治療がむしろ体力をなくしてしまうということで、毛髪も再び生えてきたこともあり、しばらく抗癌剤治療を中止して、温泉に行くなどして過ごしていたが、8月に病状が急変して、そのまま入院、すぐにホスピスに入って帰らぬ人になったのだった。

その間、家族はあたふたとし、時に絶望し、検査結果に一喜一憂したのだったが、ただ一人、泰然《たいぜん》としていたのが妻本人だった。


少し発症から妻の死までを振り返ってみる。

妻は子どものころから体力や運動神経に自信を持っていたようで、近くの市民プールに出かけて泳いだり、ツアーに申し込んではハイキングやバードウォッチングや山登りを楽しんだりしていた。栃木県の農家の出身で、子どものころから自然に親しみ、野原の中で生きていたということと関連があるかもしれない。どちらかというと野外型で、身体を動かすのを好み、気候がよくなるとじっとしていられない人間だった。それだけに、大病を患ったことは本人にとっても驚きの出来事だっただろう。

すでに二人の子どもは社会人になっていた。息子は比較的時間を自由に使える専門職に就いて勤め先近くのマンションを借りて一人暮らしをしている状態だった。娘は安定した仕事に就き、結婚をして、コロナ禍《か》の中で最初の子どもを産み、妻と私の暮らす家から歩いて5分ほどのマンションで暮らしていた。

ステージ3――抗癌剤治療始まる

妻が癌を発症したのは、私が大学教授の職を定年でやめ、時間を決められて外出するのは週に3日間ほどだけで、あとは自宅で物書きをしたり、かかわっている機関の仕事をするようになっていた時期だった。

妻は私が印税や教育関係の仕事のために経営している従業員のいない零細《れいさい》企業の経理を担当していたが、たいして収入のない会社なので、それほどの仕事もなく、ほぼ専業主婦として生活していた。経済的に困っているわけではなかったが、もちろんそれほどの余裕があるわけでもなく、東京多摩地区の駅から徒歩20分ほどかかる郊外に居を構えて暮らしていた。

妻は自覚症状があって産婦人科医院に出かけ、癌の疑いがあると知って、近くの大病院で検査を受けたのだったが、検査の直前まで、夫である私にもそのことは伝えず、何事もなかったかのように日常生活を送っていた。検査の前日に初めて私に打ち明け、驚く私を尻目に一人で検査を受け、一人で結果を聞きに行った。私が同行することを申し出たが、一人で大丈夫だといって聞かなかった。

癌とわかってからも、特に態度に変化はなかった。私に癌を伝える時も、うろたえる私を前にして、きわめて平静だった。確かに、最初は「ステージ１であると考えられる」と聞いていたので、それほど命にかかわる事態とはとらえていなかったのかもしれないが、それにしても冷静そのものだった。

その後、手術を受けると、ステージ３であるらしいことが判明した。抗癌剤治療を始めた。そのころからは状況によっては数時間、時には一日入院して、治療を受けた。

そのころから病院にはなるべく私が同行するようにしたが、それは妻一人では医師の話を聞き漏らしたり、検査の後の車の運転が危険なのではないかと考えたからだった。

診察がなく、危険性のない検査だけの時には、妻は車を使って一人で出かけようとするのが常だった。

その時点では、危惧していたよりは抗癌剤の副作用は大きくなく、自宅にいても、妻はときどき、横になることが増えた以外は、大きく病状が悪化することはなかった。ただ、副作用によって髪の毛が抜け始めた。妻は元から帽子を愛用していたが、様々なタイプの帽子を購入、またウィッグも注文して、専門店にまで出かけていた。髪の抜けた頭部を私にも見せることはなかったが、それについても特に気に病んでいる様子はなく、「こちらの方が似合うかなあ」などと言いながら、通信販売で帽子を選んでいた。そして帽子をかぶってあちこちに出かけていた。

市民講座にも参加し、以前と同じような生活を続けていた。妻は服装にはあまり気を遣《つか》わず、質素な服装で通し、ほとんどの衣料を通信販売やスーパーで購入していたので、それに安物の帽子のコレクションが増えた形だった。

頭がよくなくて、よかった

年末に近づいて、検査結果がよくなかったとみえて主治医の言葉が曖昧《あいまい》になってきたころから、妻の診察には必ず私か、私の都合が合わない時には息子が付き添うようになった。こちらから質問しても、医師の答えの歯切れが悪くなってきた。そして、「念のために、ＭＲＩ検査をしてみましょう」ということになった。そして、その結果が出ると、「ＣＴ検査もしてみましょう」と言い出した。

家族は、よくはわからないまま、不安に駆られた。職業柄、何かと緻密に調べることを好む息子は癌関係の本を何冊も読んで妻の状況があまりよくないこと、かなり深刻な状態であることを察知して、私や娘にあれこれと知識を示すようになった。私たちにも深刻さが理解できるようになった。

だが、その時も、妻は特に慌《あわ》てる様子もなく、深刻にとらえる様子もなく、いつも通り、お笑い番組を見ては大声で笑い転げ、連続ドラマを見ては、「そんなバカなことはあり得ない」「脚本がなってない」などと辛辣《しんらつ》な意見を口にした。ニュースを見ては総理大臣や都知事や様々な役職の人を批判していた。動植物や寺院仏閣を取材した番組を録画して好んで見ていたが、以前と同じようにいつのまにか眠りこんでいることも多かった。夜も、私が眠れずにいる時にもすぐに寝息を立てた。健康なころとまったく変わりのない生活をしていた。

２０２２年の1月、検査の結果、再発が確認された。遠回しの表現だったが、「完治はできない。これから癌が広がらないようにできるだけの治療はするが、これまでよりもひどい副作用に苦しむ恐れがある。これからは癌とともに生きていくしかない」ということが伝えられた。

念のため、セカンドオピニオンを受けてみることにした。築地にある国立がん研究センターに出かけて、専門医に詳しい話を聞いた。主治医とは異なって、もっと率直な言葉で厳しい内容を伝えられた。ひとことで言えば、「緩和ケアしか残されていない」とのことだった。

深刻な話を聞いた後、妻と二人で電車を使って自宅まで帰った。そのころはまだ妻はふつうに歩くことができた。妻はその時も、ふだんと変わりのない態度だった。そもそもがん研究センターに行く前、昼食時だったので、これを機会にと築地に行って鮨を食べた。すでに市場は豊洲に移っており、閑散《かんさん》としていたが、おいしい魚介類は食べられた。妻は「思ったよりも高い。おいしいけれど、もっと安くていいなあ」などと感想を言いながら、ふつうに平らげていた。築地から豊洲への市場移転問題について自説を付け加えるのも忘れなかった。

もしかして状況を把握していないのではないか、医師の話を十分に理解できずに楽観的にとらえているのではないかとさえ疑いたくなるほどだった。明るい声で、厳しい内容について話をした医師についての辛辣な人間観察を披露し、大江戸線の騒音のひどさに怒りながら、家に帰った。そうした態度をとるのはいつものことだった。

そのころだっただろうか。妻がふと漏らしたことがある。

「私、あんまり頭がよくなくってよかった。頭のいい人だったら、きっと癌のことをあれこれ調べたり、考えたりするんだろうけど、私はそんなことないんで、あまり気にせずにいられる」

実感だったのだろうと思う。ただし、「頭が悪いから」というよりも、あくまでも妻の考え方、世界観によるのだと思うが。

あと、1年か2年で寿命は尽きる

新たな癌治療が始まった。キートルーダとレンバチニブの併用だった。認可されたばかりの薬品の併用であり、かなりの効果が期待されるとのことだった。だが、これが妻を最も苦しめた。

病院に行って、キートルーダを投与する。そして、同時にレンバチニブを自宅で服用する。抗癌剤は言うまでもなく癌細胞を攻撃するものだが、同時に身体の様々な器官に影響する。まさに毒だということを、妻の様子を見ながら実感した。

薬の投与前は健康なころと変わりのない生活ができる。ところが、投与を始めて、2、3日したころから体調が悪化する。妻は一人で外に出られなくなる。しかし、テレビを見たり、簡単な食事を作ったり、掃除をしたりはまだできる。1週間もすると、ほぼ寝たきりになる。しかも、発疹《ほっしん》ができたり、下痢になったり、逆に激しい便秘になったりして苦しみ始める。それからしばらくすると、食事もできなくなり、喉が腫《は》れて水も飲めなくなる。

1月ほどで、どうにもならなくなって、薬を中断する。これ以上、癌治療を続けると、身体が参ってしまって、命が危険にさらされる状態になる。あわてて病院に行って診察を受けると、治療を中断するしかないと宣言される。

中断すると、今度は数日で、妻は元気を取り戻していく。立ち上がって、家事ができるようになる。1週間もすると、また外に出たがり、買い物などに行く。経済的に困っているわけではないので、もっと贅沢をしてもよいだろうと思うのに、安くていいものを探して、いくつものスーパーを回ろうとする。

初めは私が車を運転して付き添う形になるが、そのあと1週間もすると、一人で車で出かける。そして、以前と外見的には大差ない状態になる。精神的にも陽気になって、ふだんと変わらなくなる。都合が合うと軽めのハイキングやバードウォッチングに出かける。それがしばらく続く。

だが、もちろんそうしていても癌は進行するばかりなので、またタイミングを見計らって治療を再開する。そしてまた体力が悪化して、治療を中断する。それを何度か繰り返した。徐々に薬に慣れることを期待したが、むしろ一層悪化するばかりだった。薬の量を減らすなどの対応を取ったが、それも効果がなかった。

妻はつらかったはずだ。

このころになると、さすがの妻もたまに泣き言をいうようになった。

しかし、泣き言というのは、具合が悪くて動けずにいる時、「こんなことをしていたら、何もできないまま死んでしまう。少しくらい死ぬのが早くなってもいいから、動けるようにしてほしい」ということだった。妻はハイキングに行きたがった。市民講座に参加してバードウォッチングや自然とのふれあいなどに行けなくなるのを嘆いた。温泉にも行きたいと話した。

だが、死を恐れて嘆くことはなかった。めそめそもしなかった。病気だからと言って、私や家族に甘えることもなかった。むしろ私が妻に寄り添おうとしたり、ともに時間を過ごそうとすると、それを避けるそぶりを見せた。いつもどおりでいたがった。

具合が悪くなると、ほとんど寝たきりになり、私が買い物や食事の準備や掃除、洗濯をした。私の慣れない行動が気に入らないようで、しばしば衝突した。妻に言われてスーパーで買ってきたものが妻の求めていたものと違っていたり、私が妻が喜ぶだろうと思って気をきかせて買ってきたものが、喜ぶどころか、むしろ苛立《いらだ》たせるものだったりした。妻はふだんから怒りっぽかったが、おそらく、この時期、いつも以上に怒りっぽくなっていただろう。

しかし、自分の運命を嘆いたり、悲しんだり、泣いたりは一切しなかった。むしろ、自分の死後のことを考えて、ものの整理を始め、私に対しても、家族にとって、あるいは仕事にとって大事なもののありかなどを教えてくれるようになった。

きっと妻はその時点ですでに覚悟を決めていたと思う。あと、１年か２年で自分の寿命は尽きる、おそらくそのように思っていたと思う。場合によっては、これが最後になるかもしれないとも思ってあれこれのことをしていたのかもしれない。

３月末、妻は花見をしたがった。自宅近くの花見の名所に車で連れて行った。抗癌剤治療中だったので、歩いて外に出る元気はなかった。車の中から川沿いの桜並木を見た。ただ、その時も感傷的なことは一切口にしなかった。心の中ではこれが最後かもしれないという思いはあったのかもしれないが、それを口に出すことはなかった。

３６０万円の光免疫も効果なし

そのころから、息子が中心になって標準治療以外の方法も模索した。本やネットで調べて、光免疫療法に希望を見出した。光免疫療法そのものは学界でも認められた治療法で、明確な効果が確認されている。公的な医院を中心に研究が進められ、次の標準治療に取り入れられる可能性が高いという。ただ、光の照射《しょうしゃ》なので、体内の奥の方にある妻の癌への効果は難しいといわれていた。

ところが、ネットで調べてみると、特殊な方法を用いているので子宮体癌にも効果があるとうたう医院が見つかった。藁《わら》にもすがる思いで、その医院に相談に行き、話を聞いたうえで申し込んだ。怪しいのではないかという疑いは払拭できなかったが、少しでも効果があればと思った。６回、光を照射するという治療で、総額３６０万円だった。そのために12回、都心にあるクリニックに通う必要があった。

私か息子かどちらか時間の空いているほうが付き添って、その時の妻の状況によって車で出かけたり、電車で出かけたりして、治療を受けた。

標準治療との併用という形での光免疫療法だった。標準治療の状況によって、つまり、抗癌剤を投与して副作用に苦しんでいる時期と、投与を中断して副作用が和らいでいる時期とで、光免疫療法に出かける時の体調に差があった。

体調がよい時には、ふつうに電車で出かけることができた。体調がよくないと、電車の乗り換えに苦労した。階段を上ることができず、エレベータのある所までの移動にも苦労した。結局は車で行き来することが多かったが、それでも、体調の悪い時には、車の乗り降り、駐車しやすい場所からクリニックまでの移動に苦労するほどだった。

それほど苦労して通ったクリニックだったが、治療の様子を見ると、効果は期待できそうにもないとすぐに感じた。建物、医師や看護師の対応、検査機器、怪しい点を挙げればきりがなかった。かつて整骨院で凝りがひどい場所に照射したことがあるが、それと同じような機械を当てるだけで、病院で妻が受けているような本格的な機器でないのは一目でわかる。

医師も看護師もたいそうなことを言っているが、それほどのことをしているとは思えない。こう言っては失礼だが、医師も看護師も、第一線で活躍している人の持つ雰囲気が感じられない。私の知る社会的に活躍している人たちと、持っている雰囲気がまったく違う。うらぶれた感じがするし、「しょぼい」感じがする。しょぼいのに何とか虚勢を張っているように見える。詐欺とは言わないが、患者の弱みに付け込んだ商法の一つだろうとは思った。

しかし、万が一にでも効果があればと思って通い続けた。

ほとんどは私か息子のどちらかがクリニックに同行したが、いつだったか電車を使って息子と私の二人が付き添ったことがある。

その時のこと、帰りは通勤時間帯に重なって電車が混んでいた。妻と息子が隣に座り、私は少し離れたところに座った。妻の声も大きいが、息子も妻ゆずりで声が大きい。二人で受けてきたばかりの光治療が信用できそうもないことや今後の治療の見通しなどを大声でしゃべっていた。他人事のように、楽しいことをしゃべるように、明るい声で語り、これまで診てもらった医師や看護師の辛辣な人物評を語っていた。

大勢の通勤客は二人の会話を聞いてどう思っているか気になった。話をやめさせたいと思ったが、離れた席にいることであるし、話をやめるように言うと妻が怒りだすだろうと思って、私は他人を装い、居眠りしているふりをするしかなかった。

妻がその治療を心から期待しているとは思えなかったが、妻は激しい批判は言わないで素直に怪しい治療を受け続けた。すべての治療を終えた後、そのクリニックには検査機器がないので、提携しているという別の機関に行って検査を受けた。

結果が出たというので、クリニックに呼ばれた。私と妻とで結果を聞きに出かけた。それまでの治療に何の効果もなかったことを告げられた。「もっと効果があるはずだった。残念だ」という態度を院長は取った。大変残念だったが、もちろん、それは意外な結果ではなかった。覚悟していたとおりだった。

ついでに言うと、それを告げられる日、いつもは医師と看護師、受付の女性、医療コーディネーターと呼ばれる、実質上の施設責任者の４、５人しかいない医院に、ほかに２、３人の白衣を着た男性が詰めていた。きっと、私たちに「効果がないではないか。詐欺ではないか。金を返せ」と抗議されないように抑止し、もし、された場合にも対応するための医院側の予定通りの行動ではないかと疑った。

妻はその時も、泰然としていた。効果がなかったと告げられた時も、妻は特に落胆した様子は見せなかった。そのことを告げた医師に対してはふてくされたような表情をしていたが、「きっとそんなことだろうと思ってた。何をしても無駄なのよ」と語っただけだった。

「ああ、何の意味もないのに、360万円出しちゃったね」と、クリニックを出てから、まるで他人事のように語った。大学入試の不合格を告げられたのと同じ程度の、いやそれよりももっと冷静な反応だった。帰りの車の中では、それまでと同じように、共通の知人の話や、道路から見える建物についての思い出などを語っただけだった。

那須への家族小旅行

光免疫療法に効果がなさそうだとうすうす感じ始めたころから、また息子が別の治療法を探し始めた。光免疫療法以上に注目されている治療法があり、すでに成果を示しているクリニックがあるとのことで、今度はそこを検討し始めた。私は私で、別ルートの治療法を探し、別の治療法を模索していた。

ほかに免疫治療も試みようとして、別のクリニックにも相談に出かけた。こちらのクリニックの担当医師は高齢だったが、癌治療の権威としてキャリアを積んだのちに、現在の地位に就いた方で真摯に相談に乗ってくれた。妻の受けた光免疫療法が間違いなく詐欺まがいだったことも、その医師に聞いて確信した。この医師の助言に基づいて、最善の方法を取ろうとしていたのだったが、間に合わなかった。

放射線治療を受けてみようという話も進んだ。妻のかかっている病院には放射線科がなかったので、それが受けられる病院に連絡を取り、何とかしようと手を回していた。だが、妻はそのいずれにも乗り気ではなかった。

「あんたたちにあちこち連れまわされてへとへとになるのはこりごりよ。私はサイボーグじゃない。連れまわされるだけで消耗してしまう。それよりは、癌の進行が早まってもいいから、温泉に行ったり、旅行に行ったりしたい」

そう語るばかりだった。

もちろん私も息子も妻の気持ちは十分に理解していた。だが、「もしかしたら、効果があるかもしれない。そんなに身体に対する負担は大きくないという話だから、ともあれ、試すだけ試してみよう。それで本当に完治したという報告もあるんだから」といって妻を説得した。妻はむしろ私たちの熱心な説得に負けた形でしぶしぶ治療を受けた。

妻は連休中の5月下旬に大病院での抗癌剤治療を再開したが、1週間もしないうちに抗癌剤の副作用がひどくなって、またも動けなくなり、身体中に発疹ができ、喉の痛みによって食事もできなくなり、水も飲めなくなった。医師の判断で、これまでと同じように薬の投与を中断。しばらく、様子を見ることにした。すると、またしても少しずつ体力が回復し、7月初めには、ふつうに生活できるようになっていた。

一人で車を使って近くのスーパーに買い物に出かけ、ウィッグの調整に電車で40分ほどかかる繁華《はんか》街《がい》に出かけ、市民講座にも参加した。バスツアーなども考えていたようだが、それはさすがにためらっていた。私たちは抗癌剤治療を再開するように勧めたが、妻はできるだけ引き延ばそうとした。そのころの妻は、癌を治すことではなく、癌が進んで動けなくなる前に人生を味わっておきたいという方向にすでに意識を改めていたようだ。

元気になりかけたころ、新型コロナウイルスの感染も少し落ち着いた。感染者が減り、重症者も減った。旅行に行く人も増えていた。

新型コロナウイルスの影響で、近くで暮らす娘夫婦や孫ともあまり会うことができなかった。娘夫婦は、娘婿の仕事の関係だろう、4回、家族に感染者を出した。全員が毎回感染したわけではなかったが、濃厚接触者ということになり、外部との接触は禁じられた。

癌闘病中の妻にコロナをうつしては大変なことになるという認識をみんなが持っていたので、娘夫婦と孫は、できるだけ我が家との接触を避けていた。少し油断して娘が我が家にやって来て手伝いをした後、孫の保育園でクラスターが発生したとわかって肝をつぶしたこともあった。

だが、やっと会うことができるようになった。孫が動物園に行きたがっていると知ると、「那須どうぶつ王国につれていきたい。ついでに那須の温泉に行きたい」と言い出した。

栃木は妻の生まれた県だった。那須にはなじみがあったようだ。妻は口にしなかったが、もしかしたら孫と遠出ができるのは、これが最後になるかもしれないという思いを抱いていただろう。私たち家族も、妻にはそのことは話さなかったが、もちろん十分に意識していた。

那須塩原まで新幹線で行って、そこでレンタカーを借りたが、後ろの席だと腹部に痛みが走るというので、前の席に移ったし、長距離を歩くことができずに、しばしば休憩を取ったが、周囲からは特に病人と思われることなく活動したと思う。

どこが痛いかわからない

那須のホテルでの温泉には妻は満足したようだった。私には関心がなかったので聞き流したが、ツアーや姉といっしょに全国の温泉巡りをしている妻は、温泉についてさかんに講釈していた。

豪華な夕食を家族でとっていた時、初めのうちは元気に孫を構い、「おいしい」を連発してとても元気だった。二の膳、三の膳と続くうち、妻は突然、「苦しい」と言い出した。部屋に戻りたいとのことだった。私が一緒に部屋まで行こうといったが、その必要はないとのことで、一人で戻った。

しばらくして部屋に様子を見に行くと、ベッドに寝ていた。「疲れた。一の膳は感動するほどおいしかったけれど、二の膳、三の膳はそれほどでもなかったので、休む方がいいと思った」と口にして、私に対しても、「心配ないから、最後まで食べてきて」と言った。

翌日は元気を取り戻していた。

どうぶつ王国を見た。妻は動物好きで、子どもと同じように喜んで動物を見て回った。那須ハイランドパークにも足を伸ばしたが、そこでも自分の足で歩いて回った。子どもたちが孫を遊ばせている間、私と妻は二人で涼しいところで休憩したが、その時も、いつも通り世間話をし、子どもたちの話をし、食べ物の話をした。感傷的なことも、悲観的なことも、あるいは私の記憶に残そうとするようなことも一切口にしなかった。

那須はよい思い出になった。妻が私とともに行った最後の遠出になった。孫と行動をともにする最後の機会でもあった。

那須から戻ると、東京は猛烈な暑さになっていた。那須が涼しかったこと、そして、那須で十分に活動できたことが、妻の自信になったのかもしれない。またどこか温泉地に行きたい、涼しいところに行きたい、東京は暑いと言い出した。

もともと妻は暑がりだった。私はどちらかというと寒がりで、同じ部屋での活動ではしばしば衝突を起こしていた。私は夏でも妻と一緒にいる部屋では常に長袖を着ていた。時には秋物の服を取り出すこともあった。妻の好む温度にエアコンを設定すると私には寒すぎた。

しかし、今回の暑がりようは異様だった。

このころから、「痛い」という言葉を盛んに使うようにもなった。「痛い、痛い」と言う。ところが、「どこが痛い？」と聞くと、「さあ、わからない」と答える。「どことなく痛い。どこが痛いのかわからない」

かなり以前から、私はしばしば妻の腰や背中をさすったり揉んだりしていた。それを15分もすると、毎回、「楽になった。もういい」と言った。だが、きっとそれで本当に楽になったわけではなかったのだろう。きっと私のマッサージなど効果がないということだったのだと思う。専門のマッサージを呼ぶことも提案したが、それについても、妻は「その必要はない」と答えるばかりだった。

だが、ともあれ、温泉に行くのがよいのではないかと相談した。温泉地なら涼しいだろうし、マッサージを呼ぶこともできるだろう。必要なら、そこから病院に通うことを考えればいい。

家族で相談して、1週間ほど、妻が気に入っていた万座温泉に滞在することにした。突然決めたので、気に入ったホテルは満室で、そこから少し離れたホテルしか取れなかったが、それで良しとした。息子が夏季休暇中で涼しいところでまとまった仕事をする予定にしていたので、息子が同行して、昔の作家のように温泉旅館で仕事をしようということになった。

さっそく準備を整え、8月の初めに妻は息子の車で万座に出発した。

息子の話では、万座温泉に着くまでは順調だったらしい。ところが、温泉に着いてから、まず妻の機嫌が悪くなったようだった。食事がおいしくない、部屋から風呂までが遠い、係の人たちのほとんどが外国人でサービスが行き届かない。そんなことに不満を言い出したらしい。しかも、部屋から風呂に行く途中で動けなくなったりした。

3泊目の深夜に私に電話があった。「ホテルがひどい。お湯もよくない。サービスが悪い。食事もひどい。体調もよくない。明日、帰ることにする」、そんな内容だった。特に苦しそうな声ではなかったが、いつも妻が不満を語る時のように、憤懣やるかたない様子でしゃべった。まだその気持ちは、別の部屋にいる息子には伝えていないとのことで、私と話をして心を決めてから、朝になって息子に伝えようとしているようだった。

もちろん私は、私や息子の気持ちや都合などは二の次にしてよいので、妻の最も良いようにするように告げ、翌日、自宅に帰って来ても支障ないように物事を整えておくことを付け加えた。

妻にはそれほど切迫した様子はなかった。むしろ、居心地のよくないホテルよりは自宅のエアコンで涼しく過ごす方が快適だと判断したということのようだった。

もう駄目なんだ

翌日の夕方に妻は息子の車で自宅に戻ってきた。

戻ってすぐは、「疲れた」と語るだけだった。

今回も盛んに「痛い」と言う。そして、今回も、「どこが痛い?」と聞くと、「うーん、どこということはない。ただ、全体が痛い」という答えが返ってきていた。

それでも、ふつうにホテルの愚痴、行き帰りの道中の状況などを語っていた。

夕食時になって、妻は食欲がないといい、アイスを食べたいと言い出した。好みのアイスがなかったので、私が近くのコンビニに買いに行った。だが、アイスさえも途中で食べるのをやめた。そして、「スイカなら食べられそう」と言い出した。冷蔵庫のスイカを切って出したところから、妻は苦しみ始めた。

それまでも、「苦しい」と言うことがあったが、いつも尋ねてみると、「たいしたことはない」という答えだった。ところが、今回は少し様子が違った。今回は、おなかが痛い、我慢できないほど痛いという。

夜間の救急外来に連れて行こうかと尋ねたら、本人は、そうしてほしいという。そのまま、息子に留守番をさせて、私が車で病院まで連れて行った。

結局、そこで妻は家を出て、その後、二度と家には戻らなかったことになる。

病院の緊急外来の窓口では、自分の力で歩いた。いくつかの検査を受け、深刻な状態であることが伝えられた。詳しいことは、翌日、主治医から伝えられることになり、ともあれ、そのまま緊急入院することになった。

翌日、息子とともに病院を訪れた。妻のいる病室に入る前に、看護師さんから話があった。ホスピス入りを勧められ、状況を聞かれた。息子はなおも自宅療養を主張したが、もうそういう状況ではないことは、看護師さんの雰囲気から明らかだった。

病室では、ベッドに寝ている妻を前にして、主治医の先生の話を聞いた。妻は弱々しい声でつらそうだが、受け答えはしっかりしていた。

「CT画像を見ると、腹膜の播種《はしゅ》が起こっている。癌が急激に拡大し、腹部を圧迫している。腹水がたまっている。ホスピス病棟に移るのがよいと思う」との説明だった。

一時、かなりやせていたのに、このところ、あまり食べていないのにやせないどころか、以前と同じように腹部の脂肪があるように見えたのは、播種と腹水のせいだったらしい。

妻はまったく動揺していない様子だった。「もう長くない。仕方がない」と繰り返した。特に絶望した様子はない。思っていたよりもずっと早かったと考えているだろうが、覚悟はしていたのだろう。主治医のすすめ通り、ホスピスに移動することに同意した。

ただし、その病院のホスピスにするかどうかについては、私と息子の意見によって保留した。その病院に付属のホスピスは、効率重視であって、設備の面ではそれほど快適ではないという話だった。しかも、新型コロナウイルス流行のために、面会は厳しく制限されて、週に2回、2名ずつしか面会できないとのことだった。もっと設備がよくて、面会も自由な施設を探したいと思った。息子は自宅療養を口にしたが、妻は即座に否定し、「そんな状況じゃないよ。家に帰ることなんて、もうできない」と口にしただけだった。

あとどのくらいの命なのか、見通しを知りたいと思ったが、妻の前では聞けなかった。妻もあえてそれを聞こうとしなかった。外に出て、主治医に呼び止められ、「あと2、3か月と考えるのが妥当だが、場合によってはすぐかもしれない」と伝えられた。

早速、息子と私は、病院を出てからいくつかのホスピスに連絡を取り、見学に行って、快適なホスピスを探した。

ところが、翌日、妻のスマホから電話がかかった。

「ホスピスを移りたくない。今のままでいい。移動がつらい。これまで、あんたたちの言うことを聞いて、あちこち連れまわされたけど、何の意味もなく、つらいだけだった。あんたたちの自己満足に付き合っただけだった。最後くらいは放っておいてほしい。面会もそんなに必要ない。私もお父さんの末期に見舞いに行って思ったけれど、これから先、どうせ意識が混濁《こんだく》するに決まっている。そんな時に面会できても意味がない。もう、私は死んだものとして行動してほしい」

私が「でも、良いホスピスがあるかもしれない。それに、面会したい。娘はしばらく会っていないので、会いたがって」と言うと、妻は激しく泣き出した。

「でも、私はお母さんだから……。あなたにだったら仕方がないけど、子どもたちには」。その後、声にならなかった。

たぶん、「私はお母さんだから、子どもたちにはみっともない姿を見せたくない。子どもたちに厄介をかけたくない」ということだろう。

妻が私の前で泣いたのは、結婚して35年ほどの間、これまでに夫婦間のいざこざがあった二、三度だったと思う。癌がわかってからも、一度だけ、「私、もう駄目なんだ」と言って少し涙ぐんで泣き声になったくらいだった。こんなに激しく泣かれたのは初めてだった。

深夜1時、ホスピスからの呼び出し

結局、妻の要望通り、8月11日に入院している病院のホスピス病棟に移った。

電話やＬＩＮＥでやり取りした。ほとんどが、物を買ってきてほしいという要望だった。衛生用品などがほとんどだった。飲み物も頼まれた。

「かき氷を食べたい。でも、食べると吐いてしまう。こんなこととわかっていたら、家にいるうちにもっと好きなものを食べておくんだった」と嘆いていた。

そのほか、保険や預金の状況、事務的な書類のありかなどを説明する内容が多かった。思ったよりもホスピス病棟に入るのが早かったために、私に伝え忘れている事務的な問題について、あれこれと伝えようとする内容だった。自分の葬儀はどうしてほしいか、家をどうするかなどの意見交換をした。いたって平静だった。

その後、息子や娘と交互に面会に行った。妻の姉や兄たちに連絡しようかと言うと、「まだいい。姉にだけは、ホスピスにいるということを伝えておいて」と答えた。妻は兄弟にも友人にも病状についてくわしく伝えていなかった。妻の姉は、私の電話に息をのんだ。しばしば一緒に旅行をし、長電話をよくしていた姉にさえも、心配されるのがいやで病状を話していなかった。

元気がない時には電話をせず、元気が出た時にだけ電話で話をしていたようで、まさか姉は妻が死を前にしているなどとは考えてもいなかった。那須に行ったことは伝えていたようなので、むしろ回復していると思っていた。

その後、規定通りに私と息子と娘と妻の姉が交代で面会し、ラインなどでやり取りしていた。顔を合わせることはできないものの、病室に必要な物を家から届けたり、新たに購入して届けたりして、病室の外から様子をうかがうこともあった。

8月17日、病院から連絡があり、ホスピス病棟の主任医師の話があるので明くる18日に来てくれということだった。翌日の午後に、息子とともに出かけるように約束した。

ところが、その夜の深夜1時ころ、携帯に電話があった。「意識が混濁し始めている。血圧は安定しているが、酸素の吸入が難しくなっている。お子さんと一緒に来てくれ」とのこと。息子を起こし、近くのマンションに住む娘も呼び出して、すぐに車で病院に駆けつけた。

妻は酸素マスクを着けていた。まだ意識はしっかりしていた。「危篤」という言葉は使われなかったが、そのように理解してあわてて駆けつけたわりには、それ以前と変わりはなさそうだった。もしかしたら、病院側のフライングなのでは？　と思った。だが、看護師さんたちの様子を見るに、そのようなことはなさそうだ。

顔を合わせるなり、妻は尋ねた。

「今、何時？」

「夜の1時半になったところだよ」

「あら、そんな夜中なの。なんで来たの？　呼び出されたの？」

「電話があったんだよ」

「あら、私、そんなに悪いの？」

「これから説明を聞くことになってる」

「来てくれなくてよかったのに。……ああそうか、これでバイバイして終わりなんだね」

「……まだ、痛い？」

「いやいや痛くない。かゆい。もう何もしなくていい。もう終わりにしてほしい」と何度も言った。

　酸素マスクが不快らしく、何度も外そうとした。

「これをしてないと、苦しくなるんだよ。取っちゃ駄目だよ」と私や子どもたちは言ったが、激しく首を横に振り、吐き捨てるように「そんなの嘘だよ」と言って、取ろうとする。

「もう誰にも何もしてあげられない」と妻はつぶやいた。

　その後も何度も「かゆい」と言って、顔や首を掻こうとする。背中などを掻いてあげた。

こちらから、「ありがとう。いい母親だったよ」などと言ったが、妻はうなずくだけで、家族への別れの言葉も口にしなかった。

酸素マスクを着けて、苦しそう。ときどき、うめき声をあげる。

18時55分、死亡

看護師さんと医師の説明を受けた。酸素濃度を上げることについて了解を取られた。これから意識が混濁すると思われるので、会わせたい人がいたら、今のうちに会うようにと言われた。あと二、三日、場合によっては今日にでも、という話だった。

病室に戻って、声をかけたり、見守ったり、手を握ったり。意識はある。

妻の姉にメールを入れた。朝の6時になるのを待って、電話をかけた。来てくれるようにお願いした。同時に、栃木に住む妻の兄弟たちにも伝えてくれるように依頼した。

妻の姉は、2時間ほどで到着。すでに妻は話はできなくなっていた。だが、私が横にいて見ている限りでは、間違いなく姉を認識できて、顔を見てうなずいていた。

昼過ぎに、妻の二人の兄が栃木から到着。だが、もうすでに妻の意識はなかった。

その後、ずっと同じような状態が続いた。苦しそうなので、酸素濃度を上げていく。大きく息をして、ときどきうなり声をあげる。苦しそうにしているが、苦しいわけではないという。

何かの点滴をしたところ、急に顔が赤くなって、顔を中心に赤い湿疹が出た。かゆそうに顔をしかめて手であちこちを掻こうとする。不憫《ふびん》でならなかった。

予備ベッドを入れてもらって、妻の姉と私と息子の三人交代で付き添った。娘には2歳の子どもがいるので、家に帰らせた。

無事に朝を迎えた。昼間は安定。しかし、酸素濃度を上げていく。最高度に上げる。また顔が真っ赤になって、湿疹ができた。しかし、もうかゆい様子は見せない。ただ息を大きく吸っている。ときどきうめき声をあげる。ときどき声をかけながらも、それを三人で見守るしかなかった。

17時前後から、のどからゴロゴロという音が聞こえ始めた。痰《たん》を吸入したが、そうすると、酸素濃度計が90を切り、77を指した。

18時30分頃、医師が来て様子を見た。「今すぐにということはなさそうだが、今晩中には最期の時を迎えるだろう」という予測を語ってくれた。「娘さんももう一度呼ぶ方がいいですよ」ということなので、娘に電話をして、すぐ来るように言った。

それから10分もたたないうちに、妻の様子に明らかな変化が生じた。それまでゼイゼイいっていたのが、突然、スローモーションのように息がゆっくりになっている。

妻の姉が言った。

「あ、ノリちゃん、息をしてないんじゃないの」

その通りだった、まさにその時、息が止まった。あわててナースコールを鳴らし、看護師ステーションに人を呼びに行った。戻ったら、息が止まったままだった。

看護師さんがやってきて、息が止まっていることを確認。

しばらくして娘が到着。ふだんは幼児は入れないのだが、特別に許可してもらって、孫を妻の死に目に会わせてもらった。

看護師さんと医師の死亡確認。18時55分死亡とされた。

あっぱれな最期の謎

レフ・トルストイの中編小説『イワン・イリイチの死』は、死をリアルに描き、人間の死について深く考察した不朽の名作として知られている。そこには、それなりの苦難の道を歩みながらも人生の成功者だった裁判官イワン・イリイチが病に冒され、死を意識して、最後には諦めて死んでいく様子が克明に描かれている。それが死を予感した人間の普遍的な姿だろう。私はずっとそう思っていた。

『イワン・イリイチの死』では、病に冒されて治療を受けるイワンは自分の苦しみをわかってくれない家族や友人に不満を抱く。時に当たり散らす。いっそのこと遊びまくろうとも思う。死が逃れようがないと意識すると、絶望にかられる。どうしても自分が死ぬことには納得がいかない。

「私が死ななくてはならないなんて、ありえないじゃないか。それはあまりにも非道なことだ」

（『イワン・イリイチの死』望月哲男訳、光文社古典新訳文庫）

と考える。そして、絶望と希望の間を行ったり来たりし、医師や周囲の人の、本当の病状を悟らせまいとする嘘に苛立つ。仕事に励もうと考えたり、そして、なぜ真面目に、堅実に生きてきた自分がこんな目に遭うのだと運命を呪ったりを繰り返す。

「抵抗しても無駄だ」彼は自分に言った。「だが、せめてその理由が知りたい。だがそれも不可能だ。仮に私が誤った生き方をしてきたのなら、説明もつくだろう。だがいまさらそんなことを認めるわけにはいかない」自分の人生が法にかなった、正しい、立派な人生であったことを思い起こしながら、彼はそうつぶやいた。「そんなことは決して認めるわけにはいかないぞ」彼は唇を笑いにゆがめた――まるで誰かがその笑いに目を留めて、それにだまされることがあるかのように。「説明はない！　ただ苦しみ、死んでいくだけだ……何のために？」（同）

そのような煩悶《はんもん》の後、イワン・イリイチは最後になってやっと死を受け入れる。
これまで読んだ小説や観た映画でも、死の宣告から死までを描く経緯はそのように描かれていたような気がする。一例をあげるなら、黒澤明監督の『生きる』もまさに同じような経緯を描いていた。市役所勤めの定年を間近にした男（志村喬が演じていた）は胃癌で余命いくばくもないことを知り、絶望し、遊ぼうとしたり、自棄になったりした後、徐々に自分の死を受け入れていく。

妻はそのような様子をまったく見せなかった。絶望している様子も煩悶している様子も見せなかった。涙を流すこともなかった。もしかしたら、人知れずイワン・イリイチのような思いを抱いていたのかもしれないが、少なくとも、そんな様子は少しも外には見せなかった。

私はセミリタイアしている身なので、ほとんどの時間を妻と同じ家の中で過ごした。不定期の仕事で出かけたり、コンサートを聴きに行くことはかなりあったが、基本的には仕事のほとんども自宅でしていた。妻が元気な時は、妻が家事をし、元気がなくなると私が掃除、洗濯などをして、料理は出前やデパートの弁当、スーパーの総菜、冷凍食品などで済ませた。その間、私が死を前にしての妻の苦悩を目撃することはなかった。

再発が発見されてからの7か月間。体力がだんだんと失われて、生命力がなくなっていく妻は本当につらく、苦しかっただろう。しかし、抗癌剤で苦しんでいる時を除いて、妻は大きな声でいつも通りの生活を送っていた。いつも通り、明るい声で語り、笑っていた。闘病中の人間を持つ家庭は暗くつらいものだと思うが、その中でもそれほど暗い気持ちにならずに済んだのは、妻本人がずっと泰然とし平気な顔でいたからだった。

妻の姉にとっても、兄たちにとっても、妻の危篤は寝耳に水だったようだ。きょうだいたちは、妻の癌についてはもちろん知っていたが、電話で話をしても、嘆くわけでもなく、泣き言をいうわけでもなく、いつも通り明るい声で語るので、快方に向かっていると信じていたという。

友人、知人にもくわしくは話していなかったようだ。不自然に帽子をかぶっているのを見られた人には癌治療について話していたようだが、おそらく妻は深刻な様子を見せなかっただろうから、誰もがすぐに回復すると思っていたに違いない。

私を含めて、妻は誰にも死について嘆くことなく、苦しみを口にすることなく、あっぱれな最期を迎えたのだった。

だが、それにしても、なぜ妻はこのようなあっぱれな死を迎えられたのだろう。妻は達観した人間ではなかった。悟りを開いた高僧のような人格者ではなかった。しばしば感情的になり、あれこれ当たり散らすこともある欠点の多い普通の人間だった。それなのに、本当にあっぱれな最期を迎えた。私は妻の最期に驚嘆し、なぜ妻がこのような最期を迎えることができたのか疑問に思うばかりだった。

第二章

菫のようなふつうの人

ほかの治療法はなかった

妻の死後、しばらくはあれこれと自問した。

主治医の方針がよくなかったのではないか、もっと別の方法を取っていればこんなことにはならなかったのではないか、いや、それ以前に、ふだんからもっときちんと検診を受けていれば、早期発見できて、どうにかなったのではないか。そんなことを子どもたちとともにしばしば検証した。妻が生きている間から、そのようなことはしばしば家族で語っていたが、死後もそれを話すことが多かった。

だが、これはいかんともしがたかった。もちろん、もっと前に検診で気づいていれば、死を免れることができただろう。だが、子宮体癌は、一般の検診では検査項目に入っていないらしい。よほど警戒しているのであればともかく、そうでなければ検診を行うことはないという。一般的には自覚症状が出てから治療を始めるしかないらしい。そうだとすると、妻に何らかの落ち度があるわけではない。

その後の主治医の方針も、きわめて標準的なもので、それ以外のことを求めるほうが無理だった。それに、それ以外の治療を行ったからと言って、多少寿命が延びても、飛躍的に改善されるものでもなかったようだ。

「ほかにどうしようもなかった」「こうなるしかなかった」「誰にも落ち度はなかった」と言うしかない。


心の面においても、ほかにどのようなこともできなかった。

今から考えると、もっと妻の身になってあれこれとするべきだったと思わぬでもない。温泉に行きたい、見物に行きたいと語っていたが、体調のため、または私の都合で実現できないことも多かった。

妻と私の間で衝突して、怒りをぶちまけたこともあった。妻は病気でつらかったのだろうからもっと優しくするべきだったと反省することは多い。子どもたちも、こうなることならもっと一緒にいられる時間を作っておけばよかったと思っているようだ。

だが、これも仕方がなかったと思う。生活をしなければならない。妻の看病にばかりかかりきりになって、私や子どもにストレスがかかるのはよいことではない。いや、そもそも妻が死ぬのではないかと思って特別なことをするのは避けたかった。できるだけふだん通りに、妻を特別扱いせずに生活したいと思っていた。きっと、妻自身もそれを望んでいただろう。

その中で、最善のことはやったと思う。もしかしたら、妻には不満なことがあったかもしれないが、妻は自分の不満を口にするのを我慢する人間ではなかった。小さな不満はあったにせよ、妻は特に大きな不満を漏らすわけではなかったので、妻自身もあれこれのことをやむを得ないと思っていたのだろう。

決して仲の良い夫婦ではなかった。行動をともにすることはほとんどなかった。家でも食事の前後にテレビを見ながら話をするくらいで、基本的には別の部屋で過ごした。

妻が元気だったころ、家族全員で話をしていた時、「夫婦は長く一緒にいるうちに似てくる」という話になった。今は亡き野村監督夫妻などを例にしながら、語っていた。

「うちもそうかな？　夫婦で似てるか？」と私が聞いてみたら、娘が即座に答えた。

「お父さんとお母さんは似ようがない」。息子もそれに賛成した。

　妻と私はどこからどこまでも正反対に近い。容姿もまったく異なるし、好みも異なる。私はクラシック音楽、西洋文学を好み、書斎タイプで外に出るのが大嫌い。スポーツをするなんてとんでもないし、ハイキングなど絶対にしたくない。旅行をするなら海外旅行で、温泉旅行にはわざわざ行きたくない。妻は大声でしゃべるが、私は小声でボソボソとしゃべる。政治的には基本的にはリベラル派で、右派的傾向の強い妻とはずいぶん異なる。何から何まで価値観が異なっていた。

　それでも、これまで何はともあれ妻がいたのに、その妻がいなくなってしまったというのは、精神的にこたえる。身体の半分がもぎとられたような気持ちになる。しかも、妻の死の直前の苦しむ姿を目の当たりにしている。たびたびそれがよみがえる。

　部屋に入るごとに、そこに妻がいるような気がする。妻がいつも使っていた道具がそのままになっている。妻が最後にそれを使っていた時、妻はどんな気持ちだったのだろうかと思わざるを得ない。

　風呂の掃除をする。妻の闘病中、私が掃除をすることが多かったが、私の掃除の仕方が雑だというので妻に強く叱られた時のことを思い出す。何をするにも、妻が語ったことがよみがえる。掃除だけではない。妻がしていた家事をするごとにあれこれ思い出して、悲しい気持ちになる。

妻がいないと困るくらし諸々

妻の死によって私が漠然と思い描いていた老後の生活設計がすべて崩れてしまった。これからどうやって生きていけばよいのかわからない。いや、それ以前に、そんな先のことでなく、日々の生活で困ってしまう。

精神的な事柄以上に、実際的にも妻がいないことで困ったことが多かった。

妻自身も死を覚悟していたので、生前、大事な書類のありか、死後の相続の方針、葬儀のあり方などは相談していた。だが、最終的には急に体調を崩したので、最後の整理をしないまま妻は病院に行って、そのまま帰ってこなかった。

私は家の仕事のほとんどを妻に任せっぱなしだったので、様々なもののありかがわからなかった。最初に困ったのは、妻が入っているはずの保険の証書、年金手帳などの書類だった。相続手続きなどに、あれこれの書類が必要になったが、それが見つからない。妻の保険証、通帳、いや妻のものだけでなく、私の書類も見つからない。

しかも、妻は私の営む零細企業の役員であり、経理を担当していた。闘病中も、妻は時間を見つけて体調の良い時に、その作業を行っていた。妻が亡くなると、それも一切できなくなる。そもそも私は何をどうしてよいかわからない。何がどこにあるかもわからない。会計事務所にお願いしているので、最悪の場合、あれこれ世話になることができるが、それ以前にそろえておくべき書類が見つからない。

会社宛《あ》てに請求書が届くが、どう処理するのかもわからない。妻が闘病の最中にそろえた書類などがあるが、それがどのような書類なのか？　その意味さえもわからない。

何かを探している時、あるいは、どうするべきかを考えている時、ふと妻に相談したくなる。

まず妻の通夜と葬儀の際の食事などの手配をどうするか判断しなければならない。つい、妻が横にいるような気で、「どうしようか」と相談したくなる。その瞬間、「そうだそうだ、妻が死んだために通夜をするんだった」と思い出す。そのたびにまた暗い気持ちになる。

ともあれ、そうして一人暮らしをしながら、会計事務所の担当者に相談しつつ相続手続きを行い、様々な失敗を重ねながらも、ともあれ大きな問題なく手続きは済ますことができた。

妻の死という大きな出来事があると、どうしても死を意識してしまう。

私は、しばしばコンサートに行くが、その時も、「そういえば、あの時、○○さんをこのあたりで見かけたが、数年前に亡くなったんだった」と思い出す。「あのころはあの人は元気だったが、もう亡くなった」「あの人は癌で亡くなった」。そんなことが頭をよぎる。「人は死ぬ」「誰もが死ぬ」「目の前のこの人も、そしてもちろん私も近いうちに死ぬ」。そのことが、リアルなものとして私に迫る。

コンサートだけでなく、どこに行っても、何をしても、それが頭から離れない。友人にメールやＬＩＮＥで連絡を取る。なかなか返事が来ない。「もしかして死んでいるのでは？」「また親しい人を亡くしたのではないか」という恐怖を覚える。もちろん、これまでそのような心配が実際に起こったことはほとんどないのだが、それでも恐怖を覚える。

もちろん、妻の死後も楽しいことはたくさんある。うれしいことはたくさんある。孫と話すと幸せになる。音楽を聴くと感動する。旅行に行くと目を奪われる。気の合う人と一緒にいると楽しい思いをし、笑い転げる。だが、しばらくは心の奥底で死の音が鳴り続けていた。まるで通奏低音のように、私の心の奥底で常に死のメロディが鳴っていた。道を歩いていて、ふと自分が険しくて暗い表情をしていることに気づくことがあった。

フォーレは好きな作曲家の一人だ。あの清澄《せいちょう》で心洗われるような『レクイエム』をはじめ、歌曲や室内楽にはしっとりとして内面的な美しい曲がたくさんある。以前は、フォーレを平気で聴いていた。大学に通う車の中でも聴くことがあった。

ところが、妻の死後、フォーレを聴くとなんだか悲しみの中に沈潜《ちんせん》してしまう気がする。フォーレの内面的な音楽の中の悲しみの部分に、そして自分自身の悲しみの核心に触れているような気がする。暗い気持ちになり、悲しみから逃れられなくなる。フォーレを聴くごとにそんな気持ちになるので、しばらくフォーレを聴くのをやめている時期があった。

そのような日々、私はあの疑問、なぜ妻はあっぱれな最期を迎えることができたのかという疑問をずっと抱き続けていた。

妻はあっぱれな最期を迎えた。息子も娘も、妻の腹の据わった態度、少しも死に動じない態度には驚嘆していた。なぜ妻はあれほどあっぱれな最期を迎えられたのだろう。死に動じず、恬淡として死を迎え入れる……。そんな人物の話を聞くことがある。だが、少なくとも私の知る限り、そのような人物は人生を達観した人、悟りとまではいかないにせよ、それに近い境地にいる人だった。少なくとも、何らかの人格者であり、煩《ぼん》悩《のう》から離れた人だった。

だが、妻はそのような人間ではなかった。

人格者ではなく、ふつうの人だった妻

妻はまったく達観していなかった。人格者ではなかった。妻はかなり感情的だった。妻はさまざまなことに雑で乱暴だった。

女性は男性に比べてきれいな字を書くものだが、妻は乱雑な男よりももっと雑な字を書いた。運転もかなり乱暴だった。急発進、急ブレーキ、一時停止無視などは日常的。進入禁止のところに気づかずに入っていくのもしばしばで、進入禁止違反で2度ほど切符を切られた。スピード違反で捕まったことはなかったようだが、急いでいる時、あるいは話に夢中になっている時など、40キロ制限のところを70キロくらい出すこともあった。

必要があって妻に最寄り駅に送ってもらっている時など、助手席にいて、乱暴な運転やスピード違反を注意すると、怒りだした。急ブレーキに対応できずに、私が頭をぶつけても、妻は「そんなわざとらしいことはしないで」と理不尽に怒りだすこともあった。「そんなこと言うんなら、私はもう運転しない。もう送ってあげない」。そんな言い方をした。運転に限らない。妻は家事でも子どもの世話でもしばしば手を抜き、ミスをした。そんな時ミスを指摘すると、「そんなことを言うんなら、もうしない」というのが口癖だった。何気なく言うことに対しても、「なんで私がそんなことをしなくちゃいけないの!」と食って掛かられることも多かった。

空気を読まずに人の悪口も言った。憎まれ口をたたき、他人のあら探しをした。妻のためを思ってしたことであっても、感謝されるどころか、不足についてあれこれ不平を言われることもしばしばだった。息子や娘ともそのことでしばしば衝突していた。

良妻賢母でもなかった。私が仕事に明け暮れている時も、疲れ切って帰ってきても、妻はほとんどいつもすでに寝ていた。私は予備校や大学で教えていたが、何曜日に何時に出かけるか、一年間同じパターンで繰り返されるのに、いつまでもそれを覚えず、私の出勤日を忘れていることもしょっちゅうだった。

息子が4歳だったころ、2歳の妹を後ろに乗せて、自転車を押して出かけ、迷子になったことがあった。近所の人が少し離れたところにある蓮華畑の近くで迷っているのを見つけてくれて事なきを得た。その時は、妻が子どもたちを連れて蓮華の畑を見物に行くと約束していたのに、何か別のことに夢中になって忘れてしまい、催促する息子に対して、怒って「そんなに言うんなら一人で行きなさい」と言ったのを、息子が真に受けて出かけたのが原因だった。そのようなことはたびたび起こっていた。

妻は感じの良い表情を作って人と話をすることもなかった。納得のいかない時には、すねた顔や不貞腐れた顔をした。いや、そのような表情をしているという意識もなかっただろう。素直に思ったままの表情をした。日本人には珍しく、怒りを顔に表す人間だった。感じの悪い態度を、あえて示そうとしているらしいこともたびたび見かけた。私がひやひやすることはたびたびだった。

もちろん、良いところもたくさんあった。

妻は自然が大好きだった。ハイキングを好んだ。草花に関心を持ち、家の庭木を大事に育てていた。野草が好きで、ハイキングに行っては草花の写真を撮っていたようだ。犬を飼っていた時はもっぱら妻が世話をしていた。テレビの犬番組を録画して繰り返し見ていた。

私に対しても、家族に対しても、社会に対しても甘えることなく、様々なことを自分で行い、自分で解決しようとした。自分が特別扱いされることを求めなかった。自分を特別な人間と考えるような傲慢さは持ち合わせていなかった。

　堅実に家庭を営み、家事を行い、家族のために愚痴ひとつ言わず家庭の仕事をした。子どもが小さいころ、私は仕事に忙しくて家に帰れないこともあった。妻はしばしば「私の育児はワンオペだった」と振り返った。

　私の両親は大分県日田市で暮らしていたが、高齢になり、生活が立ちゆかなくなったので、2015年に私たちの暮らす東京多摩地区の老人施設に入居した。父は移転した年に亡くなり、母はその後、認知症を患って、私のこともわからなくなった。妻は老人施設に通い、様々な面倒を見てくれた。私の両親も心から感謝していた。

　社会生活も立派にこなした。感情的に怒ってもすぐに機嫌は直り、「金輪際《こんりんざい》しない」と宣言したことも、すぐにまたしてくれるようになった。市民ボランティアにも参加し、しっかりした判断力を持って行動していた。電車に乗っていて高齢者や障害のある人、おなかの大きい人を見ると、たとえ自分が疲れていても我先にと席を譲った。

　きれいごとも言わず、お追従《ついしょう》も社交辞令も口にしない本当に真っ正直な人間だった。化粧っ気がなく、お金の無駄遣いもせず、見栄も張らず、自慢してもよいようなことについても自慢せず、質素に真面目に生きた。

そして、とりわけ後年、知的なものを好み、関西の大学の通信教育部に入り、ランドスケープデザインコースで学んでいた。テレビなども報道番組や教養番組を好んで見ていた。政治や経済についてもかなり詳しくなって、マクロ経済だのミクロ経済などについて自分なりの意見をしばしば語っていた。神社仏閣めぐりのツアーにもたびたび参加していた。

人生において大事なことを決める時、物事を甘く考えてしまう私よりもずっと的確で現実的だった。そもそも、結婚前、お金に無頓着で、経済力がなく、仕事もしないでただ音楽を聴いたり本を読んだりが好きなだけだった私を、一人前に稼ぐことができる人間に鍛えてくれたのも妻だった。

つまり妻は、良いところはたくさんあったにせよ、まったく人格者ではなく、達観した人間ではなく、欠点をたくさん備えたふつうの人間だった。

思っていたより早かったけど、仕方がない

だからこそ、私は不思議に思う。なぜ、そんな妻が、あれほどあっぱれな最期を迎え

ることができたのだろう。

もし高僧のような人格者しかあっぱれな最期を迎えられないとすると、私などはさっさとそのような最期を諦めるしかない。私のような煩悩にあふれ、怠惰で自己中心的な人間にはそのようなことが可能なはずはない。イワン・イリイチのように煩悶し、絶望し、周囲に悪態をついて生にしがみつくことになるしかない。

しかし、妻でもあっぱれな最期を迎えることができるとすれば、私でも、いや、誰でもあっぱれな最期を迎えられるのではないか。妻の生き方がこれからの参考になるのではないか。そんな気がしていた。

確かに妻は「私なんて、いつ死んだっていいんだから」と口にしていた。だから、あっぱれな最期を迎えることは、予想できないことでもなかった。

「もう私は生物としての役割は終えた。子どもを産んで、育てた。もう私は子どもを産めない。生物として、これ以上生きても貢献できない。私に生きる価値があるとすれば、それは孫の面倒を見ることだ。孫が生まれてその世話をしたら、私にはしなくてはいけないことは何もなくなる。そうなったら、死んでもいい」、そのように口にすることが多かった。

テレビで延命治療や尊厳死、安楽死が話題になると、「私は延命治療なんて、絶対に拒絶する。そんなにまでして生きたくない。何かあったら、病院に延命治療はしなくていいって伝えてね」と妻は繰り返し言った。

妻は老人施設に入った私の両親の面倒を見て、父の死の際にも中心になって行動してくれたが、父の最期の様子を見、母の面会にも行って、はっきりとは口にしないが、自分の思いを強くしていたのかもしれない。

妻は、「私には、こんなに至れりつくせりなことをしてくれなくていい。どうせ死ぬんだから、勝手に死なせてほしい」、そう語っていた。

「老いてしまう前に、惜しまれながら死んでいきたい。60歳まで生きれば十分。私は思い残すことなんて何もない」。そのようなこともたびたび口にしていた。

もちろん、死にたいと思っていたわけではない。自ら死を選びはしない。できるだけ健康であるように、なるべく寿命を長くするように心がけていた。妻は家族や自分自身の食べ物や健康に気を遣っていた。しかし、無理やり生かされたくはない。自分らしくない生活をするよりも、短命である方がずっといい。心からそう考えていた。繰り返し、それを口にしていた。

私の父も同じようなことを語っていた。「いつ、死んでもかまわない」というのが、91歳で亡くなった私の父の口癖だった。おいしいものを食べた後、孫である私の子どもたちにやさしくされた後、楽しいことのあった後、よくそう口にした。

だが、その実、父は心の中では死を恐れていた。父は最後まで、墜落を怖がって飛行機には一度も乗らず、火事や地震を心配して、ホテルや旅館には2階以上には泊まらず、85歳くらいまで車の運転をしていたが、車で事故になると危ないといって、若いころから通い慣れたいくつかの目的地に行くだけで、知らない場所には車では出かけず、親しくしている友人の家にも義理の弟の家にも運転していかなかった。

少し体調が悪くなると最大限の用心をした。万一の場合、延命治療をするかどうかを尋ねたことがあるが、横にいた母は、即座に「しなくていい」と答えたのに対し、父はどうやら決心がつかないようで、言葉を濁すばかりだった。父の死後の財産や葬儀や墓の実際的な事柄が話題になっても話をそらした。死を目の当たりにするのを恐れていた。

妻は父のように覚悟なしに語っているのではなかった。

事実、自分の死が近づいた時も、じたばたすることなく、「これでかまわないよ。思っていたよりも早かったけれど、仕方がないよね。無理に生かすようなことはしないでね」と語っていた。

数年前に妻の父が87歳で亡くなっていた。その時も、妻は意外に淡白だった。

妻の父が入院している間も、義理の姉や実の姉と交代で週に一度くらいの割合で私の家から片道3時間近くかけて病院に行き、世話をしていた。通夜や葬儀では泣き顔を見せた。郷里に戻ると、墓参りは欠かさなかったようだ。だが、父親に対して「十分に生きたよね」という反応が大きかった。それ以上に嘆きはしなかった。

若くしての病死や不慮の事故は嘆くべきだが、年を取ってからの死についてはごく当然のこととして受け取っていた。それは自分自身にとっても例外ではなかった。

私の父のように、「いつ死んでもいい。死なんて怖くない」と言う人は多い。私も気が大きくなった時にはそのようなことを言ったことがあるような気がする。だが、多くの人が実際に自分の死を目の前にするとうろたえるだろう。

だが、妻はうろたえなかった。平然としていた。明るく過ごしていた。それほどまでに「いつ死んでもいい」とずっと考えていたのだろう。日常的にどのような生活をし、どのような行動をとっていたら、あのような覚悟ができるのだろう。

誰からも見られない、小さな花

そのようなことを考えながら生活している時、夏目漱石にかかわる仕事の依頼を受けた。漱石は大好きな作家だが、私は漱石の専門家でもなければ、そもそも国文学の専門家でさえもない。いったんはお断りしたが、熱心でとても優秀な編集者に押し切られて引き受けた。そうして、蔵書をひっくり返し、夏目漱石の作品を読み直していた。パラパラとめくるうち、やはりあまりの文章の見事さ、思想の深さに、つい本文を読んでしまい、なかなか仕事が進まずにいた。

そうしているうちに、ふと目に飛び込んできたのが、あの有名な俳句だった。

菫《すみれ》ほどな小さき人に生まれたし

明治30年、漱石、30歳。俳句を盛んに作っていたころの作だという。鏡子と結婚したばかりで、まだ英国留学はしておらず、もちろん小説は一作も書いていない。第一作『吾輩は猫である』は明治38年の発表なので、それよりもかなり前のことだ。親友である正岡子規とやりとりしながら句作を行い、俳人として知られる存在だった。

「菫ほどな」と字あまりになっており、のちに子規の指摘によって「菫ほど小さき人に生まれたし」と訂正されたといわれる有名な句だ。

この句には、晩年の漱石が「われ」の葛藤《かっとう》の末にたどり着いた「則天去私」の境地を先取りしているといえるかもしれない。虚勢を張り、肥大化した「私」にうんざりし、名もなき小さなものとして生きたいと願う気持ちを凝縮した言葉の中に描いている。頭の中に野の中の紫色の小さな菫の花が浮かんで、まさに名句だと思う。

以前から好きな句だが、改めて読んでいるうちに、「おや！」と思った。

おや！　この句はまさしく妻の生き方を表しているのではないか！　いや、それどころか、妻があっぱれな死を迎えることができたのは、菫のような小さな人として生きた、あるいは生きようとしたためではないか。そう思い当たった。

妻は漱石の愛読者ではなかった。漱石について妻と語ったことはあったので、数冊は読んでいたと思う。だが、それほど漱石に詳しいわけではなかった。漱石に関心を持っているわけでもなかった。

いや、それどころか、ずっと昔、初めて私がこの句を知った時、それなりに感動して妻に話したことがあったような気がする。だが、その時も妻は特に際立った反応は示さなかった。

妻は自分の生き方が、この句に具現されているなどとは考えてもいなかっただろう。もし、妻に対して、「この句にお前の生き方、死に方が現れている」と語ったとしても、妻はまったくそれに賛成せず、それどころか大いに反対したかもしれない。そもそも妻が菫が好きだとは聞いた覚えがないし、病院などに誰かの見舞いに行く時などはカサブランカの花を選んでいたという。

だが私は、この句が妻の人生を示すものであるような気がしてならない。

「菫ほどな小さき人に生まれたし」。この句を考えると、妻の行動の意味がよくわかる。妻の行動のすべての謎が解けた気がしたのだった。妻は身の程をわきまえて、世界の片隅で名もなき者として生きようとした。菫は誰もおだててくれない。誰も見てくれるわけでもない。だから、見栄を張らなかった。自分を誇張して考えることを好まなかった。野原の中の平凡な菫なのだから、それ以上を求めなかった。

妻は、生にこだわりたくないと考えていた。時期が来たら死を迎え、子孫に種を残したら、死んでゆくのが自然の摂理だと考えていた。野辺の菫と同じように、たまたま生を得たにすぎず、自然の摂理に背きたくないと考えていた。

妻は自分を特別と考えていなかった。つまり妻は自分をバラやランなどのような注目され、品種改良され、ちやほやされる存在とは思っていなかった。生け花にされ、鑑賞されるような存在だとも思っていなかった。人知れず山の中で、誰に見られるでもなく咲く小さな花だと認識していた。

妻は甘えなかった。甘えることができるほどの能力があるとも認識していなかったし、甘えて得たいと思うものもなかった。甘えるからには、自分を大きな存在とみなしていなければならない。大きな存在だからこそ、甘えて何かを引き出すことができる。だが、野原の菫は何かに甘えることはできない。自然の掟の中で、風雨にさらされ、雪に冷やされて、過酷に生きるしかなかった。誰も何もしてくれない。すべてに自分で立ち向かわなければならない。

妻は見栄を張らなかった。見栄を張るほどの存在と認識していなかった。野原の菫であることを恥じていなかった。それ以上の存在だと人に見せる必要はなかった。小さな菫のままでよいと考えていた。大きく見せる必要も、そもそも大きくなる必要もなかった。

妻は自慢しなかった。小さな菫のままでよいと考えていたので、何かを自慢する必要はなかった。人から小さな菫と見られていれば、それで十分だった。飾ろうにも飾りようがなかった。ありのままでいるしかなかった。

菫なので、自然の中の野原に生息し、そこから出ることのできない存在だった。まさに田舎者として生きるしかなかった。田舎に自生して、そこで生命を全うする存在だった。

妻は真っ正直だった。小さな存在として、どこにも身を隠すことなく生きていくには、真っ正直であるしかなかった。ありのままの姿を自然の中にさらして生きるばかりだった。

妻は大きな欲望を持たなかった。もっと大きくなりたいとも、注目される存在になりたいとも思わなかった。そう思ってもかなうはずがなかった。

妻の欠点といえば……

ただし、妻は禁欲的でもなかった。菫であることを無理やり自分に課しているわけではなかった。何かの罰として禁欲的であろうとしているわけではなかった。自然体でいたいと思っていた。だから、ふつうに喜怒哀楽を表し、自分の感情をあらわにした。

妻はよく怒った。きっと菫としての自分の領分が侵されそうになると、怒って自己主張したのだろう。大きな欲は持たない。野望は持たない。大きくなろうとは思わない。だが、プライドを持って自分の領分で自分らしく生きていたい。それを侵されると、怒り狂って自分の存在を知らせる。だから怒っていたのだろう。

妻は人に好かれようと思わなかった。菫のまま、何人かの人に認められる存在であればよいと考えていた。多くの人に好かれる必要はない、自分が嫌いな人からも好かれる必要はない、いろいろな人に媚を売る必要はない、場合によっては誰からも見向きもされなくていい、そう考えていた。

ものにこだわらなかった。野原の菫なので、そもそも初めから何も持っていなかったし、持ったところで、それは何も意味しなかった。何も持たず、雨風にさらされ、ただそれをよけることを考えて生きていた。それ以上を求めず、日々、自分らしく生きていく。それで十分と考えているのであれば、過去にもこだわらず、ものを持とうとせず、何かにこだわることもない。

妻は、ものにこだわらないとはいえ、未来には備えていた。妻は人生を捨てていたわけではなかった。菫としての生き方に満足していた。だから、それを続けることに心をくだいていた。できることなら、これまでの生活を続けたい、それ以上は望まないにしても、この生活を取り上げられたくはない。小さき存在ではあるが、それを守るつもりだった。妻は、拡大していくのではなく、維持していくことを何よりも望んでいた。小さき存在のままでいたいと願っていた。

妻はすぐに諦めた。生に執着せず、物事に執着しないのだから、諦めるのが当然だった。無理をして何かを獲得しようとは思わなかった。ジタバタせずに潔く諦めようと考えることが多かった。

妻は動植物を愛した。特定の動物というのではなく、動物全体、植物全体を愛した。それこそ菫のように生きることを意味したのだろう。自分も生物の一種だと考えていた。自分を特別と考えていなかった。人間を特別と考えていなかった。まさに何ものでもない生物として自分をとらえていた。だから、野草を好み、山歩きを好み、鳥類の声に関心を持った。生物全体をいつくしんでいた。

妻はきれいごとを信じなかった。自分を菫のように感じるだけでなく、誰もが実際に菫のような存在だと考えていたのだろう。どこかに、「人間なんて、所詮、食べて飲んで排泄して生殖するだけの存在」という意識があったのかもしれない。そうした生から離れた思想を信じず、みんな必死に生きているのであって、それ以上のことを求めなかった。

とはいえ、知的なもの、知的なことは好んだ。それが菫としての誇りだったのだろう。自分がどこにいるのか、これからどうなるのか、その認識をしっかり持とうとしていた。世界情勢、経済情勢に関心を持ち、歴史も知ろうとしていた。

つまりは自分の位置づけを知ろうとしていたのだろう。大きなものは求めず、大それたことをしようとは思わないが、自分が現在どうなのか、これからどうなるのかは知りたいと思っていたということだろう。

考えれば考えるほど、妻は菫のように生き、菫のように死のうとしたのだった。どのくらい意識していたかはわからない。いや、きっとまったく意識していなかっただろう。だが、間違いなく、そのように生きて死んだ。まさに妻の一生は菫のような一生だった。

第三章 先人に学ぶ様々な死生観

死についてはロにしづらい

それにしても、妻はどのような死生観を抱いていたのだろう。菫のような生き方、死に方というのは、死をどうとらえ、生をどうとらえていたのか。

これまで多くの死生観が語られてきた。小説や詩の中、哲学書の中、演劇や映画の中などに死についての考えが散見される。思うに、ある程度の長さの小説や映画であれば、人の死がかかわらないことはほとんどないといってよいだろう。ミステリーや戦争もの、ヒーローものはもちろんのこと、それ以外のものであっても、肉親や知人、あるいは主人公の死が語られる。

作家たち、哲学者たちは、どのような死についての意見を吐露しているのだろう。その中に妻の死生観に近いものはあるのだろうか。妻の菫としての死生観はどのような系譜に属するのだろう。

多くの人の死生観をざっと思い出してみる。そして、私なりに整理してみる。

私が最初に思いつく、死についての鋭い考察は、17世紀フランスのモラリスト、フランソワ・ド・ラ・ロシュフーコーの言葉だ。大学生のころ、初級のフランス語のテキストに、英語の neither...nor にあたる ni...ni... の表現の例文を見つけて、強い感銘を受けたのを覚えている。

太陽も死も凝視することはできない。

確かにその通り、私たちは死を考える時、どうしても明確に、知的に考えることができない。とりわけ自分の死については考えることができない。どうしても、核心を避けてしまう。

三木清が『人生論ノート』の中で語る「死は観念である」という言葉も、死はあくまでも他人の死であって、自身の体験ではなく、観念として哲学的に考えるしかないという意味だろう。

『死』という大部の哲学書を残した哲学者ウラジミール・ジャンケレヴィッチは死を、「第三人称の死」「第二人称の死」「第一人称の死」の三つに分けて考えるが、「第一人称の死」すなわち自分の死は経験されることのない「未来形の死」であるため、哲学的思索の対象にならざるをえない。死について考察するのにこのような日本語版で５００ページを超す難解な哲学的思索を要したということは、死も太陽も凝視できないということの証左でもあるだろう。

エミール・ゾラも、短編小説『オリヴィエ・ベカイユの死』の中で同じようなことを言葉を替えて語っている。この小説は「ある土曜日の朝六時、僕は死んだ」という一文で始まり、死者が語り手という珍しい小説なのだが、語り手は、死について触れながらこう語る。

隣同士で寝る夫と妻は、明かりが消えると、よく同じ恐怖に震えることがあるに違いない。それでいてどちらもそれについて話したりしない。死について話したりなど、普通はしないからだ。卑猥な言葉をわざわざ言わないのと同じように。死という言葉を口にすることさえ避けるほど、死は誰にも恐ろしいのだ。人は自分の性器を隠すように、それを隠すのである。

（國分俊宏訳、光文社古典新訳文庫）

これもなかなか真実を突いている。死は自分の秘めたものだ。生の本質にかかわるがゆえに、口に出すのが恥ずかしい、本能的に口にするのを避けてしまう事柄なのだ。そのためだろう、死について語る時、しばしば比喩が用いられる。先に引いたラ・ロシュフーコーの言葉も、このゾラの小説の一節も死を太陽や性器にたとえて語っている。それほどまでに単独では語りづらい事柄なのだ。

ところで、この文章の中で、ゾラが死と性の隣接についてほのめかしていることも興味深い。フランスの異端の哲学者にしてエロスの小説の作家でもあるジョルジュ・バタイユは、その著書『エロティシズム』の序文で、「エロティシズムとは死におけるまで生を称えることなのだ」と書く。

「死におけるまで　jusque dans la mort」とは、「死のただなかにおけるまで」「死の中まで」ということだろう。最晩年の著書『エロスの涙』では、バタイユは性交中のオルガスムをフランスの俗語で「小さな死」と呼ぶことに触れながら、性のオルガスムを「死の予感」とみなしている。

確かに、オルガスムに達する時、「死ぬ……」と口走る人もいるという。生の中で死を予感するのがセックスだった。そして、セックスも死も人間社会では公に口にするのははばかられることとされている。エロスとタナトスは隣接している。エロスに魅せられるように死に魅せられる人がいる。バタイユも小説に書いているが、死者の前での性交はある種の小説の題材でもあるようだ。

ただ、これらのことについても妻の死生観には当てはまらないような気がする。妻は卑猥なことを口にすることはなかったが、死については語ることをタブーにはしなかった。自分の死についてもあっけらかんと語っていた。家族がそれについて避けても、妻は平気で語っていた。妻に関しては、太陽は凝視できないにせよ、自分の死を凝視していたのかもしれない。

人は死ねばゴミになるのか

死生観というからには、死と生の関係をどうとらえるかということになるだろう。そうすると、①生と死を対立したものとみなす、②生と死を連続したものとみなす、③それ以外の関係、というようにとらえられる。これまでの様々な死生観をもう少し細かく整理してみる。哲学的な深みに入ることなく、私自身にも、そして亡き妻にもわかるようにできるだけ簡素に記したい。

①生と死を対立したものとみなす

死は生を断絶させるものであって、死によって生が途絶え、先には何もないとみなす考え方だ。この考えには、生は輝かしく好ましいものととらえ、死はそれを壊してしまう悪だという考え方や、逆に、生は苦しいものであり、死によって救われるという考え方など、いくつかの類型に分類できる。

（A）死を悪ととらえる死生観

おそらく、生と死を対立させて考え、死を絶対的な悪とみなす考えが最も一般的だろう。私自身もこのような考えを抱いている。先に引いたトルストイの小説の登場人物イワン・イリイチも、少なくとも病にかかり、死を意識し、苦悩していた間、間違いなくそのように死をとらえていた。

このような死生観を最もズバリと語るエッセイ『不良少年とキリスト』の中の坂口安吾の言葉がよく名言として引用されている。このエッセイは太宰治の自死を題材に書かれたものであって、タイトルで言われる不良少年とは、太宰治や芥川龍之介を指している。つまりは、尊敬する太宰の自死について、恨みを込めて怒った文章と言えるだろう。

> 人間は生きることが、全部である。死ねば、なくなる。名声だの、芸術は長し、バカバカしい。私は、ユーレイはキライだよ。死んでも、生きてるなんて、そんなユーレイはキライだよ。

この考えをもっと端的に、もっと露骨《ろこつ》に表現すると、「人は死ねばゴミになる」ということになるだろう。

30年以上前に、まさに『人は死ねばゴミになる』というタイトルの本がベストセラーになったことがある。鬼検事と呼ばれ、数々の功績を残して検事総長になった伊藤栄樹が自らの癌を知り、宗教にも頼らず、最後の日々を充実させようとして自分の病状、自分の仕事ぶりを冷静に描いて、ついには死んでゆく記録だった。

伊藤は「康べエ」と呼ぶ愛妻に向かって語る。

> 僕は、人は、死んだ瞬間、ただの物質、つまりホコリと同じようなものになってしまうのだと思うよ。死の向こうに死者の世界とか霊界といったようなものはないと思う。死んでしまったら、当人は、全くのゴミみたいなものと化して、意識のようなものは残らないだろうよ。（中略）僕は、人間が死んだあと、魂だけが残って生きている人びとと交流できるとは、とうてい思えない。第一、人間だけに霊魂が残ると考えるのは僭越だと思う。人間に近い動物はいくらもいるのだし、草や木だっ

て、一所懸命生きていることは、人間と変わらない。人間の死んだあとに霊魂が残るなら、草や木にも残るのでなければおかしい。一方、地球上に生命が誕生してから、ある程度の時間が過ぎているが、その間に〝死んだ〟生命どもがみんな霊魂をあとにとどめたとしたら、もうこの地球は、それらで充満しており、僕の魂が割り込む席はないのじゃないかな。

（伊藤栄樹『人は死ねばゴミになる』新潮社、1988年）

「死んだらゴミになる」と考えている人の考えを代表する意見といえるだろう。

もちろん、死んだら終わり、死んだらゴミになるというのは決して捨て鉢の考え方ではない。むしろ、すべての終わりである死を意識することによって、生が輝きを増す。日々を大事に生きていこうと思う。一日一日の生を楽しもうとする。そう考えることによって、生を輝かせる。坂口安吾も伊藤栄樹もそう考えている。

そのような意識は、何も現代に生まれたものではない。吉田兼好の『徒然草』に書かれていることを見つけた。兼好は路上で見かけた人の話した内容として、以下のような言葉を残している。

されば、人、死を憎まば、生《しょう》を愛すべし。存命の喜び、日々に楽しまざらんや。愚かなる人、この楽しびを忘れて、いたづがはしく外《ほか》の楽しびを求め、この財《たから》を忘れて、危く他の財を貪るには、志満つ事なし。生ける間生を楽しまずして、死に臨みて死を恐れば、この理《ことわり》あるべからず。人皆生を楽しまざるは、死を恐れざる故なり。死を恐れざるにはあらず、死の近き事を忘るるなり。もしまた、生死の相にあづからずといはば、実《まこと》の理《ことわり》を得たりといふべし。

（吉田兼好『徒然草』第九十三段）

現代語訳をすれば、「だから、人間は死を憎むならば、生を大切にいとおしむべきである。生きていることの喜びは、毎日毎日楽しまなくてよいのか。愚かな人はこの楽しみを忘れて、ご苦労にも骨をおって、（名利などの）外的な楽しみを追い求め、この（生きているという）財宝を忘れて、危っかしくも他の財宝をむさぼるのでは、望みは満たされることはない。生きている間に生きていることを楽しまないでいて、（いざ）

死ぬときになって死を恐れるとすれば、こういう道理が成り立つはずがない。人間がみんな生を楽しまないのは、死を恐れていないからである。（いや）死を恐れていないのではない。死期の近いことを忘れているのである。もしもまた、生死という（無常の）相に関与しないというならば、真実の道理を悟っているということができよう」（「古典文学解釈講座」古典文学教材研究会編、三友社出版）ということになるだろう。

天才モーツァルトの死

死は生のゴールであり、その先に何もないという考えは、生きているうちに何かを成し遂げようとしたり、それまでの不品行な生活を改めて健気に生きようとしたりする意識につながる。

自分の死を悟り、自分の人生に限りがあることを知って、それまでにできなかった仕事を全うした例は、古今東西枚挙にいとまがない。努力の結果、作品が未完成に終わった人もいる一方、生前に完成させてから死を迎えた人も多い。

多くの例の一つだが、私が最もその執念に感服するのは、フランスの大作家、マルセル・プルーストだ。幼いころから病弱で、特にひどい喘息に苦しんだ。後年、アパルトマンの一室をコルク張りにし、外気を入れず、カーテンも閉め切り、病状が悪化しても医師の診察を拒否して執筆をつづけた。そうして仕上げたのが、全7巻からなる大作『失われた時を求めて』だった。だが、全巻の刊行を待つことなく、１９２２年、51歳で死去している。

編集作業の途中での死去ではあったが、ともあれ完成させた例といえるだろう。

一方、未完成で終わった例として、「死」を考えるうえで象徴的なのが、モーツァルトの『レクイエム』にまつわるエピソードだろう。

いうまでもなく、モーツァルトは稀《き》代《たい》の天才で、ザルツブルク司教の副楽長であった父レオポルトの厳しい英才教育の下、幼いころからとびぬけた才能を示していた。たちまち目覚ましい活躍を始めて次々と稀代の名曲を作り続ける。

若いころは天真爛漫で華やかな技巧やこの世のものとは思えないような美しい旋律《せんりつ》にあふれた曲を作っていたが、母の死のころから、音楽に深みが増し、そこはかとない悲しみを感じさせる曲が増えてくる。本来は明るい雰囲気を作り出すはずの長調の曲でさえも、30歳を過ぎてからのモーツァルトの音楽には悲しみが感じられる。短調の曲になると痛ましいまでの悲しみが表現されている。交響曲第40番ト短調の楽想を小林秀雄は「疾走する悲しみ」と語るが、まさにそのような音楽が晩年のモーツァルトには多い。

体調の悪化によって自分の死を意識していたモーツァルトのもとに不気味な男が訪れ、レクイエム、すなわち死者のためのミサ曲を注文して帰って行った。有名作曲家の曲を自作と偽って発表する趣味のある貴族の使いだったのだが、モーツァルトはこれを死神の使いだと感じ、レクイエムの作曲に精を出す。そして、「涙の日（ラクリモサ）」の8小節目まで作曲したところで息を引き取った。

どういう事情なのか諸説あるが、高名な大作曲家であるにもかかわらず、共同墓地に埋葬され、しかも葬儀の日が嵐だったことから、どこに埋葬されたか不明となって、現在に至るまでモーツァルトの遺骨は確認されていない。

これらのことから、ライバル関係にあった作曲家サリエリによるモーツァルト毒殺説、妻コンスタンツェ悪妻説などが広まったが、少なくともサリエリの毒殺説はまったく根拠のない噂として否定されている。

人生の終わりを認識し、ゴールを定められて最後の力を振り絞って作品を完成させる。まさにこの死生観の最も象徴的な例だと私は思う。

もちろん、モーツァルトのような天才は作品を残すことができる。モーツァルトほどの才能がなくても、一般の人でも何かしらの痕跡を残そうとするだろう。死を意識して、何とかしてライフワークを完成させようとする人もいるだろう。草木を植えて、それを自分の死後の思い出として地球上に残そうとする人もいるだろう。あるいは自分の仕事を最後までしっかりやり遂げることに全力を尽くす人もいるだろう。これらの人の意識はほぼ同じだろう。

正岡子規の壮絶な死

ところで、物語の中には、不死を描くものが多い。映画や漫画では一つのジャンルをなすのではないかと思われるほどだ。小説でも、ボルヘスの短編『不死の人』、アラン・ロブ＝グリエの『不滅の女』（ただ、これはシネロマンとして公刊されたが、映画シナリオとして書かれ、作者自身が監督して映画化されている）をはじめとして多数挙げられる。

オペラにも不死を扱うものが多い。ワーグナーの『さまよえるオランダ人』は、悪魔を罵ったために永遠に海を放浪する呪いを受けたオランダ船の船長が救済を求める物語だった。同じワーグナーの『パルジファル』の中にも、イエス・キリストを罵ったために永遠の罰を受けるクンドリが登場する。また、ヤナーチェクのオペラ『マクロプロス事件』は３３７歳でまだ生きているエミリア・マルティの死を語る。

いずれも死ぬことができなくなった苦悩を描いている。死がなくなったために生が意味を失い、死ぬことを求める人間の記録だった。きわめて大雑把に言えば、つまりは生と対立する死であったとしても、それがあるがゆえに生が意味を持つということを語るためにこのような物語が作られているといえるだろう。

（B）死を救いとみなす死生観

生と死を対立させて考える場合、これまで述べてきたのは、生をいとおしみ、生きていたいと願う場合だった。だが、もちろん悲惨な生を営んでいる人、あるいはこれから悲惨な出来事しかないとわかっている人にとって、死は悪しきものではない。たとえ、そこで悲惨な生が途絶え、すべてがなくなっても、その方がましだと考える人もいる。

この人生のつらさに耐えかねて自死する人はまさにこの世界観を持つだろう。自死ではないにせよ、病に苦しみ、痛みに耐えかねて死を迎えられた人は、それを救いと思うだろう。この世を生き地獄と考えている人にとっては、死は地獄を終焉《しゅうえん》に導いてくれる救いにほかならない。

脊椎《せきつい》カリエスに冒され、長い間寝たきりとなって死と対峙していた正岡子規は、その小さな部屋で寝たきりになった状況を書き連ねた『病牀六尺』にこう書きつけている。

○病床に寝て、身動きの出来る間は、敢《あえ》て病気を辛しとも思はず、平気で寝転んで居つたが、この頃のやうに、身動きが出来なくなつては、精神の煩悶《はんもん》を起して、殆ど毎日気違のやうな苦しみをする。この苦しみを受けまいと思ふて、色々に工夫して、あるいは動かぬ体を無理に動かして見る。いよいよ煩悶する。頭がムシャムシャとなる。もはやたまらんので、こらへにこらへた袋の緒は切れて、遂に破裂する。もうかうなると駄目である。絶叫。号泣。ますます絶叫する、ますます号泣する。その苦しみその痛み何とも形容することは出来ない。むしろ真の狂人となつてしまへば楽であらうと思ふけれどそれも出来ぬ。もし死ぬることが出来ればそれは何よりも望むところである、しかし死ぬることも出来ねば殺してくれるものもない。一日の苦しみは夜に入つてやうやう減じ僅かに眠気さした時にはその日の苦痛が終ると共にはや翌朝寝起の苦痛が思ひやられる。寝起ほど苦しい時はないのである。誰かこの苦を助けてくれるものはあるまいか、誰かこの苦を助けてくれるものはあるまいか。

（正岡子規『病牀六尺』六月二十日）

「誰かこの苦を助けてくれるものはあるまいか」。死は明らかにその苦しみを助けてくれる。きっと子規はそれを想定したうえでこの文を書いているだろう。

敵の捕虜になって拷問を受けて味方の秘密をしゃべったり、辱めを受けたりするのを防ぐために自ら死を選ぶということも、実際の歴史上、たくさん起こったことだろう。戦争もの、スパイものの小説や映画でこれまでにもこのような死はたくさん取り上げられてきた。

そんな中、私が心惹かれる死が『平家物語』に書かれている。

平安時代の武将、平知盛は壇ノ浦の戦いの際、鎌倉軍に追い詰められ、動きが取れなくなる。次々と平家の者たちが入水するのを見て、鎧を２枚着てそれを重しにして、「見るべき程の事をば見つ。今はただ自害せん」と語って海に身を投げたという。この場面は、その後、文楽や歌舞伎でも取り上げられ、「見るべき程の事をば見つ」というセリフはひとところは誰もが知る名文句だったらしい。

「見るべき程の事をば見つ」。見るに値するものはすべて見た。もう思い残すことはない。辱めを受けて生きるよりはさっさと死を選ぼう。

これは誰にでも思い当たる言葉であり、死生観であると思う。

（C）自己犠牲としての死

歴史の中には多くの自己犠牲としての死が刻まれている。
「天皇陛下万歳」を叫んで死んでいった日本軍の兵士たち、とりわけ特攻隊員たちの死は、まさに自分を犠牲にして祖国を守ろうとする行為だった。もちろん、日本軍に限らず、どこの国の兵士も同じように、祖国を守るため、同胞を守るために死んでいった。

このような死は、主君を守るために家来が自らの命を差し出す形で様々な物語にも描かれている。世界各地にこの種のエピソードが語られていると思うが、日本の古典芸能にもしばしば見られる。

最も典型的なのは、日本人の誰もが知る『忠臣蔵』だろう。主君の仇を討って自らも自害することを望む。また、武蔵坊弁慶が堂にこもった源義経を守るために敵方の弓矢を一身に受けて、長刀を杖にして仁王立ちになったまま死んでいったとされる、いわゆる「弁慶の立ち往生」は『義経記』の「衣河合戦の事」に描かれて以来、ことわざにもなり、様々なドラマにも取り入れられてきた。

そのほか、失敗や過誤のために親しい人や大事な組織に大きな損害や迷惑をかけた時、自ら死を選んで、自分を処罰するという事例も歴史上たくさんある。

自分でつらい死を引き受けることによって、自分の体面を保ちつつ、親しい人々に心からの謝罪を行おうとする点で、これも自己犠牲としての死の一形態にほかなるまい。このような自死は現在でも世界の各地で見られるだろうが、これもまた歌舞伎や文楽の世界では切腹という形でたびたび描かれてきた。

(D) 最後の生の輝きとしての死

死を生の最後の輝きとみなして、幸せに、あるいは華々しく死んでいきたいと考える人もいる。いわば、死を一つの舞台とみなす考え方だ。

そのような考えは、「生きる人間は死を逃れられぬ。死の瞬間を美しい幸福にさせたまえ」(加賀乙彦『殉教者』講談社)という言葉に集約されるだろう。

このような死の最も卑劣で残虐な例としては、大きな犯罪を起こして、「その場で銃殺されて死にたい」、あるいは「死刑になりたい」という考え方だ。三島由紀夫の割腹自殺も、もちろん深い思想に基づくものに違いないが、単純に考えればこのような考えに基づくといえるだろう。

　華々しい最期を遂げる英雄物語はたくさんあるが、そのほとんどがこのタイプの死に含まれる。そして、そのような人々のほとんどが、先に引いた「生きる人間は死を逃れられぬ。死の瞬間を美しい幸福にさせたまえ」という意識でいただろう。

　なお、ここに引用した加賀乙彦の『殉教者』は、江戸時代初期、豊後の国国東《くにさき》に生まれ、洗礼を受けてキリシタンになり、海を渡り、砂漠を越えてエルサレムにまで行って、帰国後に殉教したペトロ岐部カスイの半生を描く小説だ。のちに語る通り、殉教は基本的には永遠の生を求めての行為だが、加賀はこの小説で、ペトロ岐部をイエスの死に魅せられ、ある意味で死に誘惑され、それを追体験しようとして憑かれたようにエルサレムにまで行って、その後、故国で拷問後の死を求める人物として描いている。

　いや、そもそもイエス・キリストの磔《はりつけ》にされての死そのものも、人類の犠牲となって死を受け入れ、そうすることによって人類を救おうとする華々しい行為だったと言えなくもないと私は思う。

いずれにせよ、低劣な犯罪から崇高な行為まで様々あるにせよ、かなり多くの人間が「生きる人間は死を逃れられぬ。死の瞬間を美しい幸福にさせたまえ」という意識を持つことは間違いないだろう。

（E）死を高い次元に向かう行為とみなす死生観

もう一つ、明らかに生と死を対立させて考えていながら、これまで説明してきた死生観に含まれない考えを私は知っている。ショーペンハウアーの考え方だ。

ショーペンハウアーは、キリスト教的な考えを否定し、後年、自分の考えがインド思想や仏教に近いことを知って、それらの研究をしたという。ショーペンハウアーの『意志と表象としての世界』は特異な死生観にあふれている。

ショーペンハウアーは個々の現象の根底にあるものを「意志」ととらえる。宇宙全体が意志から成っており、それが個々の生物や事象に分け与えられて世界が動いている。ところが、宇宙の原理である意志そのものはけっして悪いものではないのだが、人々は自我にとらわれ盲目的な意志に基づいて生きようとするので、世界は混乱し闘争と苦しみにあふれて、自我の苦しみを強いられている。このような苦しみから逃れるには、自我の意志を捨て、諦め、意志そのものを否定する必要がある。

個体の死は個別的な生き方を終え、自我としての意志を捨て去ることであり、自己と他者の別を超えて共感することだとみなす。

もっと簡単に言ってしまうと、ショーペンハウアーにとっての死は、宇宙原理を個別化されて与えられたために苦しみの種になってしまった生きる意志をなくして、自我の苦しみから逃れて無に帰するものだった。

ショーペンハウアーとワーグナーの死生観

そのショーペンハウアーの死生観がはっきり表れるのが、ワーグナー作曲の楽劇『トリスタンとイゾルデ』だ。ワーグナーのほとんどすべての作品がショーペンハウアーの影響を受けているとみられ、事実、『さまよえるオランダ人』の初演にワーグナーはショーペンハウアーを招待している。ただ、ショーペンハウアーはこの音楽が気に入らなかったと伝えられている。

私は、ワーグナーの最高傑作『トリスタンとイゾルデ』に描かれる死について、ショーペンハウアーの影響が強いのを感じる。

この楽劇の幕切れ、イゾルデは魔酒によって強く愛し合うよう運命づけられたトリスタンが瀕死の状態にあることを知って、島まで急ぎ、そこでトリスタンの死に立ち会い、長大なアリアを歌った後、自らも息絶える。「イゾルデの愛の死」と呼ばれる歌は、次のように歌われる。

それよりも冴えた響きで
私をめぐってただようのは、
おだやかな風の波なのかしら？
よろこびのかおりの波なのかしら？
それらの波が盛りあがって
私のまわりにうちよせるのを

私は息に吸っていいのでしょうか、
耳でうかがえばいいのでしょうか。
それともすすり飲んで
浸りきったらいいのでしょうか。
かおりの中にこころよく
息をひきとったらいいのでしょうか。
波うつ潮《うしお》の中に、
高なる響きの中に
世界の息の
かよう万有《すべて》の中に、
おぼれ、沈んで、われを忘れる、
おお、この上ないよろこび。

(『トリスタンとイゾルデ』オペラ対訳シリーズ3、高木卓訳、音楽之友社)

イゾルデは、死ぬことによって海辺の潮の律動と一体化し、自らの肉体を離れ、自我を捨ててすべてと一体となって愛を全うし、世界の中に消え去ろうとする。そうした思いが、陶酔的な、とろけるような半音階的な旋律によって歌われる。聴く者は、オーケストラとトリスタンとイゾルデに同化し、一体化し、愛の極致、生の極致を味わう。

ところで、三島由紀夫が自作の短編を自ら監督をし、出演もして映画化した『憂国』は、二・二六事件に決起する覚悟であったものの新婚であるために仲間に声をかけられなかった青年将校が、仲間たちを反逆とみなして討伐しなければならなくなったため、若妻とともに自害する物語だった。

青年将校を自ら演じた三島由紀夫の切腹のリアルな様子が公開当時大きな話題になった。この映画はセリフなしの無言で撮影され、全編にわたって『トリスタンとイゾルデ』の前奏曲と、「イゾルデの愛の死」のオーケストラ版が流されていた。

三島由紀夫はワーグナーを愛したことが伝えられている。考え抜かれたうえでの選曲だっただろう。ここには、二人の自害が昇華されて別の世界に行くものとしてとらえられているといえるのではないだろうか。三島由紀夫の割腹事件についての解釈は様々だが、『憂国』を三島由紀夫の最大傑作の一つと考え、この映画を感動して見た記憶のある私は、三島由紀夫の割腹自殺には、先ほど触れた事柄だけでなく、これと同じような意図があってのものと思えてならない。

②生と死を連続したものとみなす

生と死を対立させるのではなく、生と死を連続しているものとしてとらえる考え方も、かなり広く知られている。

死後も形を変えて存在するという死生観だ。この死生観は現代では一般的には信じられていないが、もちろん様々な宗教の中にこの考えが強く見られる。それほどまでに原初的で普遍的な死生観といえるだろう。

生と死の連続性

（A）直接的連続で交流可能

象徴的に生と死の連続が示されるのは、ギリシャ神話のオルフェウスとエウリュディケーのエピソードだろう。

愛する妻エウリュディケーが毒蛇にかまれて死んでしまう。竪琴の名手であるオルフェウスは妻を取り戻すために黄泉の国に出かけ、そこを支配するハーデースの前で竪琴を演奏して感動させ、妻を取り戻す許しを得る。しかし、「黄泉の国を出るまで、絶対に振り向いてはならぬ」と命令される。オルフェウスは妻を従えて地上に向かうが、心配のあまり振り向いてしまい、願いはかなわなくなってしまう。

この物語はオペラや演劇、絵画で繰り返し取り上げられてきた。私がなかなかの名作だと思っているものだけを並べても、モンテヴェルディのオペラ『オルフェオ』、グルックのオペラ『オルフェオとエウリディーチェ』、パロディであるオッフェンバックのオペレッタ『地獄のオルフェ』（なお、これは日本では『天国と地獄』というタイトルで親しまれており、ある年齢以上の人には、文明堂のＣＭのカンカン踊りの音楽と言えばすぐにわかる曲が含まれている）、ジャン・コクトー脚本・監督の映画『オルフェ』、ブラジルを舞台にしたマルセル・カミュ監督の映画『黒いオルフェ』を思いつく。

　このエピソードは『古事記』と『日本書紀』で語られるイザナギとイザナミのエピソードとも関連があるだろう。国生みの神の一人であるイザナギはイザナミと夫婦になるが、イザナミは火の神を産んだために世を去る。妻を忘れられないイザナギは黄泉の国に出かけて「決して覗いてはならぬ」という命令のもとに妻を取り戻そうとするが、つい覗いてしまい、蛆《うじ》まみれの妻の姿を見て、慌てて逃げだす。

　ギリシャ神話も日本の神話も、人を土葬にすることに基づく想像から出来上がったエピソードだろうが、そうであるだけに普遍的で、現代にいたるまで説得力を持っている。まさに生と死が直結し、その間を行きかうことができるような錯覚に、人間はとらわれているということだろう。

　近年、映画の世界で大流行のゾンビものはこの系譜に含まれる。死者がゾンビとなって人々を襲い、ヒーロー、ヒロインがそれに立ち向かうという映画は、『バイオハザード』が代表作だが、映画が活動写真と呼ばれていたころからずっとそのタイプの映画は人気を集めてきた。これらは死者の蘇《よみがえ》りであり、生と死が連続しているというイメージのフィクションにほかならない。

（B）霊として生きる

死後、霊となって生き残るという考えも、生と死を連続的にとらえる死生観に基づくといってよいだろう。ギリシャ悲劇の時代から様々な霊が取り上げられてきた。日本でも『日本霊異記』や『今昔物語集』の時代から、説話は霊の物語にあふれている。そのほか、江戸時代に生まれて今なお広く親しまれている『四谷怪談』『牡丹灯籠』『雨月物語』などの幽霊譚がある。そもそも日本が世界に誇る古典芸能である能は、そのほとんどが死者の霊が登場して自分の経験を話すことから成っている。そして、それは脈々と引き継がれて、今やホラー映画やゲームによって再生産されている。

幽霊話のほとんどは、霊は人間に害を与え、人間を死の世界にいざなう不気味で悪しき存在だが、もちろん先祖が守護霊として子孫を守ったり、愛する人を助けるために現れたりする霊もしばしば物語で語られる。

これらを本気にしている人は少数であって、あくまでも娯楽として楽しんでいるのだろうが、このような物語がリアリティを持っていることは、根底に生と死は連続しているというイメージを持っている人が多いことの証左でもあるだろう。

幽霊系の話には名作が多いが、その中で私が最も好きなのは象徴派のベルギーの作家ジョルジュ・ローデンバック（フランス語読みで、ローダンバックと呼ばれることも多い）の小説『死都ブリュージュ』だ。かなりストーリーは改変されているが、後期ロマン派の作曲家エーリッヒ・ヴォルフガング・コルンゴルトによって『死の都』というタイトルでオペラ化されている。

愛する妻を亡くしたばかりで、それを受け入れることができずにいるユーグは、妻の亡くなったブリュージュの街を通っている時、妻と瓜二つの踊子ジャーヌを見つけ、夢中になる。ところが、ジャーヌはふしだらで狡猾。しかも、妻の遺品を冒瀆《ぼうとく》しているのをユーグは目撃して、怒りのあまり殺す。

オペラのほうは亡霊が登場するが、原作小説には直接的には亡霊は登場しない。だが、修道院のある街ブリュージュ（ローデンバックの小説が大好きだった私は、新婚旅行の際、妻と訪れたが、ブリュージュはこの世のものと思えないほどに静かで美しい街であり、妻もとても気に入ってくれたのだった）、そして妻の遺品に囲まれたユーグの家は、実際の亡霊は登場しなくても、十分に亡霊の雰囲気にあふれている。その意味で、私はこの小説こそが最も亡霊を表現しているように思うのだ。

死しても永遠に生きる

（C）永遠の命

キリスト教は宗派によって違いはあるにせよ、教えとしては、人間の魂は死後、長い眠りにつきながらも生きており、審判の日、眠りから目覚めて、選別されて天国に向かう者、地獄に向かう者が決定するとまとめられるだろう。

もちろん、誰もが霊魂の不死を信じているわけではない。すでにパスカルの時代、すなわち17世紀中葉に多くの人がキリストの教えを心から信用しなくなり、不信心者、無神論者が多く現れていた。パスカルよりも27歳ほど年上のデカルトはわざわざ苦し紛れとしか思えないような神の存在証明をせざるを得なかったし、パスカルは、簡単に言ってしまうと、「神が存在するか存在しないかははっきりわからない。だが、存在する方に賭けても損はないので、神がいるほうに賭けてみよう」という論法で神を信じようとする。

そのパスカルは、『パンセ』の中で、こう語っている。

> 魂が死すべきものであるか、死なないものであるかを知るのは、全生涯にかかわることである。
>
> （『パンセ』二一八、前田陽一・由木康訳、中公文庫）

神を信じる人の殉教はまさに永遠の命を求めての行為だろう。現世では苦しみにあふれているが、神の教えに沿って自ら死を選ぶことによって永遠の生が授けられると考える。そのような殉教の行為は様々な小説や映画で扱われてきた。

ローマ皇帝ネロによるキリスト教徒迫害と信者たちの殉教を描くヘンリク・シェンキエヴィッチの『クオ・ヴァディス』、踏み絵を踏むのを拒んで自ら死にゆく人々の不条理を描く遠藤周作の『沈黙』などの名作がある。

仏教の輪廻転生もまたこの系譜に含まれるだろう。キリスト教が自分のまま復活し天国で永遠の命を授かるのに対して、仏教では別の人格、別の生物に生まれ変わることになる。だが、そうしながらも永遠に命をつなぐ。

歌舞伎や文楽でしばしば取り上げられる心中は、現世で添い遂げられなかった男女が来世で添い遂げることを願っての行為にほかならないだろう。

『心中天網島《しんじゅうてんのあみじま》』の最後の場面、「名残の橋尽くし」という道行で、小春と治兵衛が死に場所を求めて網島の大長寺へ至る場面で、次のように語られる。

　この世でこそは添はずとも、未来はいふに及ばず、こんどのこんどのずつとこんどのその先までも夫婦ぞや。アレ寺々の鐘の声。最期を急がんこなたへと、手に百八の魂の緒を、涙の玉にくりまぜて、南無網島の大長寺。藪の外面のいさら川流れ漲る樋の上を最期所と着きにける。

二人がどのくらい「来世」を確信していたのかはわからないが、このような来世の存在という物語が観客に説得力を持って迫っていたこと、いやそれどころか、今も迫っていることは間違いないだろう。

ところで、来世ということについていえば、『艶容《はですがた》女《おんな》舞衣《まいぎぬ》』ではいっそう感動的に来世について語られる。

大きな酒屋の跡取り息子の半七は女舞芝居の芸人美濃屋三勝と恋仲になって子どもまでもうけていながら、妻お園を娶ることになる。お園は状況を知りながらも半七を思い続けている。そんな折、半七は、ふとしたことから殺人を犯してしまう。半七はどうにもならなくなって三勝とともに死を決意する。

そんな時、半七の妻お園のもとに捨て子が拾われてくる。その捨て子の懐から書置きが見つかる。その捨て子は、半七と三勝の間の子どもであり、二人はお園に二人の間の子どもを託そうとしたのだった。そして、その書置きには、「しかし夫婦は二世と申すことも候へば、未来は必ず夫婦にて候」と書かれている。

愛人とともに死を選ぶが、来世は本来の妻である健気なお園と夫婦でいるという誓い。文楽の世界では、これが大きな説得力を持ち、観客の涙を誘うことになる。

現代人も日常生活でしばしば生まれ変わりを口にする。「次に生まれる時には……」「今度生まれ変わったら……」などという会話を交わしたことは、多くの人に経験があるだろう。もちろん、本気でそのようなことを語っているとは思えないが、日本の伝統的な死生観が現れていることは間違いなかろう。

死後転生を信じるか？

現代文学において転生を真正面から描いたのは、三島由紀夫の最後の作品である『豊饒の海』四部作だった。

明治末期、松枝清顕は脇腹に三つのほくろを持って生まれる。聡子との恋の果て、20歳で夭折。清顕の親友だった本多繁邦は昭和の太平洋戦争後まで生きて、同じようなほくろのある右翼青年・飯沼勲、タイの王女ジン・ジャン、清水港の通信員・安永透に出会う。この四部作は、本多が清顕の生まれ変わりを追いかけ、それぞれの時代において清顕の持つ根本的な精神が社会とかかわりあう様を描いたものだった。

　三島が輪廻を本気で考えていたのかどうかはよくわからない。輪廻の思想が、三島のあまりに劇的な割腹自殺とつながっているのかどうかも人々の解釈の分かれるところだ。だが、四部作の最終巻『天人五衰』の入稿を終えてから、三島は陸上自衛隊市ヶ谷駐屯地に乗り込んで割腹自殺することを考えれば、この思想が三島の死生観に、そして最後の決断に大きな影響を与えたことは間違いあるまい。

（D）死んで元に戻る

生と死は連続しているというより、生と死は循環しているとみなす死生観もある。人間はどこかから生まれ、死んでそこに戻っていく、そしてそれが繰り返されるという考え方だ。

　最も私たちに想像しやすく、そして最も多いのが、人間は土から生まれて土に戻るという考え方だ。これは農耕社会において、「母なる大地」という感情が強く、しかも、農村では土葬が一般的であることから、そのような考え方がなされるという。偉大なルーマニアの神話学者のミルチャ・エリアーデは『豊饒と再生』の中で、様々な世界の神話を分析し、農業社会では人間は植物の一形態とみなされる状況を示して以下のように語っている。

これまでわれわれが検討してきた限りの信仰から結論されることは、大地は「母」なり、ということ、換言すれば大地は生命ある形態を大地自身の実質からひきだして、産出する、ということである。大地は何よりもまず、肥沃であるがゆえに、「生きて」いる。大地から発するすべては、生命を賦与され、大地にかえるすべては、再び生命を与えられる。人間＝土壌という二項式は、人間は死すべき存在であるから、土になるだろう、というような意味にでなく、次のような別の意味に解すべきである。すなわち、人間が生きることができたのは、人間が土から出て来たから、「地母」Terra Mater から生れ、それにかえるからである。

（『豊饒と再生』エリアーデ著作集2、久米博訳、せりか書房）

これは一人の人間が永遠の生命を持つというわけではなく、大地というすべての人間を生み出す塊があり、死ぬと個別性を失ってそこに戻り、再び別の個体として土の中から生まれていくという発想だという面で、「永遠の生命」の死生観とは異なる。だが、これは先祖のところに戻る、生命の源に戻るという点において、死んでゆくものに安心感を与える考え方といえるだろう。

③それ以外の関係

生と死は、対立しているわけでもなく、連続しているのでもない、ほかの関係を設定する死生観も存在する。

(A) 生の中に死がある

生と死を対立関係でもなく、連続関係でもなく、抱合関係としてとらえる死生観もある。生が死を含んでいるという考え、あるいは、死が生を含んでいるという考えだ。

先ほど引いた正岡子規など、病の中、死を意識しながら生きていると、おそらく自分の身体の中で死が増殖しているのを感じていただろう。生の中に死がある、そのような意識を持っていたに違いない。だが、そのような感覚は生と死を対立するものとしてとらえ、そのうえで一つの身体の中で生と死という対立するものが同居しているという意識だろう。その点で、このような意識は前項に当てはまるといえるだろう。

ここで取り上げたいのは、死があってこそ生があるという死生観だ。

人間の身体の中で毎日5000億個の細胞が死んで、生まれているという。アポトーシスといって自殺する細胞もあるそのようなメカニズムであるからこそ、人間は健康を維持することができ、生きていくことができる。まさに、人間の死はおびただしい生物の死から成っている。人間は生の中に死をあわせ持っている。

『アポトーシスとは何か』という入門書の「はじめに」の中で、著者の田沼靖一氏は以下のように語っている。

さて、本書の主題である「アポトーシス」とはいったいどんなものだろう。たとえば、オタマジャクシがカエルになるときに尻尾がなくなったり、イモムシが美しいチョウに変身（変態）したりするときに、いらなくなった細胞が、いつのまにか消えていくのを思い浮かべていただきたい。これは、変態の過程で、細胞が別の形態に変化しているのではなく、新たな細胞にとって替わられているのだ。それには、いらなくなった細胞が自発的に死んで、きちんと除去されることが必要だ。このような積極的な細胞死が、アポトーシスである。

また、私たちの血液の細胞や肝臓の細胞も、ある決まったサイクルで、古くなった細胞は新しい細胞に置き替わっている。このとき不要になった細胞や老化した細胞は、アポトーシスによって自ら消えていく。また、がん細胞やウイルスに感染した細胞などの有害となる細胞も、通常はアポトーシスによって除去されている。

もしこのような細胞の死がなかったら、生物は単なる細胞の塊であり、複雑な形の形成も、生命の維持もできなくなってしまう。「死がくりかえされることによって生が保たれている」のである。しかも、自死していくための装置は、細胞自身の中に、遺伝子としてセットされているのである。細胞は、自らの状況を判断して、遺伝子の中に書き込まれている死のプログラムを発動させることによって、死を整然と完結させていく。このいわば自殺ともいえる細胞の死に方が、本書のタイトルとなっているアポトーシスと呼ばれるものである。

（田沼靖一『アポトーシスとは何か』講談社現代新書）

人間の体内で日々、死が起こっている。生と死が同居して人間が維持されている。まさしく、「死がくりかえされることによって生が保たれている」。アポトーシスを考える時、そのような死生観にたどり着くのは必然だろう。

遺伝子がすべてを決めている

（B）人の生死は何でもない

個体の死は何でもないのであって、種の生存こそが大事だという考え方がある。

先ほど引いたショーペンハウアーも「個体の死によって自然の全体が侮辱されるわけでもない。というのは、自然にとって肝心なのは個体ではなくて、種だけであるからである」と語る。

実際、動物の群れは、その中の数匹が天敵に襲われて犠牲になるのは織り込み済みで行動するといわれている。海の中の大きな魚群も、集団で動くことによって集団の生存率を高めようとしている。一部が襲われた場合、それを犠牲にして逃げていく。言ってみれば、集団全体が一つの生命体のように考える。群れの中の個体は群れをなす部品でしかない。

このような死生観を、より一層鮮明に、そして衝撃的な形で示してくれたのが、生物学者リチャード・ドーキンスの著書『利己的な遺伝子』だった。

この著書はダーウィンの進化論の中心をなす自然淘汰説を補足修正するものだったといってよいだろう。ダーウィンでは自然淘汰がなされるのは生物の種だったが、ドーキンスはそれは生物ではなく遺伝子なのだという。遺伝子が自分の生き残りのため、つまりは自分の遺伝子を残すために、利己的に行動するという。そして、遺伝子の側面から生物をとらえなおす。そうすると、「人間やほかの生物は遺伝子の乗り物（ヴィークル）」ということになる。生物の時間的流れは、言ってみれば遺伝子の川にほかならない。遺伝子は生物から生物へと自己複製をつづけながら受け継がれていく。

　問題の全体を整理する一つの方法は、「自己複製子」と「ヴィークル」という用語を使うことである。自然淘汰《とうた》の根本的な単位で、生存に成功あるいは失敗する基本的なもの、そして、ときどきランダムな突然変異をともないながら同一のコピーの系列を形成するものが、自己複製子と呼ばれる。ＤＮＡ分子は自己複製子である。自己複製子は一般に、これから述べるような理由によって、巨大な共同の生存機械、すなわちヴィークルのなかに寄り集まる。われわれがいちばんよく知っているヴィークルは、われわれ自身のような個体の体である。したがって体は自己複製子ではない。それはヴィークルなのだ。

（リチャード・ドーキンス『利己的な遺伝子』日高敏隆・岸由二・羽田節子・垂水雄二訳、紀伊國屋書店）

この考えに立てば、人間が自分の行動として行っていることも、実は遺伝子によって決定されているということになる。しかも、その遺伝子は人間を乗り物として使っているだけであって、一人の個体としてのアイデンティティもないことになる。したがって、人間の死は、遺伝子から見れば、使い終わった、あるいは遺伝子を次の世代に受け継ぐことができなかったがゆえに出来損ないであった乗り物を捨てることにしかならない。まさに人間の死など何でもないということになる。

(C) 飼いならされた死

フランスの歴史学者フィリップ・アリエスがヨーロッパの歴史において、中世から現代にかけて、死がどのようにとらえられてきたかを膨大な資料に基づいて研究し、大部の書物『死を前にした人間』にまとめている。

その中で、第一部第一章に「飼いならされた死」という表題の下、近世までは近代以降のように「己れの死」「汝の死」などを強く意識することなく、死を日常とする精神状態を描き出している。死は日常的であり、当たり前の出来事だった。誰もが死が近いことを察知して死の準備をする。誰も死を恐れない。まさに死は日常の出来事として飼いならされていた。急死や突然死は恥ずかしいものとされ、たとえ不慮の死であったとしても、慌てることなく自分の死を察知する。まさに死を飼いならし、予定調和の一環として死んでゆこうとする。

アリエスは、飼いならされた死の在り方を分析したのち、次のように語っている。

> この態度は今では私たちの習俗から全く消えてしまったので、私たちにはそれは想像しにくく、理解しにくい。死が身近く、親密であると同時に衰弱し、無感覚となった昔の態度は、現代の態度、すなわち死が人を大変怖がらせ、私たちがもうその名を言うこともあえてしない態度とは大違いなのである。
>
> （フィリップ・アリエス『死を前にした人間』成瀬駒男訳、みすず書房）

死生観の系譜を考えてみた。妻はここに挙げた死生観のうち、どれに近い考え方をしていたのだろう。

全体の中の名もなき一つ

妻は宗教嫌いだった。新興宗教に傾く人たちはもちろん、旧来の宗教を信仰する人たちに対しても冷淡だった。神社仏閣や仏像を見るのを好んでいたが、それはあくまでも歴史遺産としての関心だった。城を見るのと同じように、それらを鑑賞していた。したがって、もちろん永遠の生や転生を信じてはいなかった。霊の存在も信じなかった。テレビなどでそのようなことが話題になっていると一笑に付した。

「今度生まれてきたら」といった仮定の話は、冗談でもすることはなかったように思う。「永遠の生なんて馬鹿げてる」「死んだら人間なんて腐敗物」とはっきり口にしたこともあった。まさに、「人間、死ねばゴミ」と考えていた。したがって、先ほど私が設定した分類では①にあたる。

きっと「生きているうちに充実感を味わいたい」とは考えていただろう。しかし、妻はモーツァルトでもなかったし、検事総長でもなかった。ライフワークも持っていなかった。何か作品を完成させようという意思もなかった。ただ生きているうちに楽しみたいと思っていた。温泉に行ったり、神社仏閣の見物に行きたいと思っていた。しかし、それほど切実だったとは思えない。「ああ、こうなるんだったら、もっと温泉とか行きたかったなあ」とは言ったが、激しい思いを込めている様子はなかった。

とはいえ、妻が盛んに言っていたのは、「私は子孫を残した。私は子どもを二人産んだ」「もう人間としての仕事を終えた。あとは孫の面倒を見るくらい」ということだった。

そう考えるともはや明らかだろう。先に挙げたドーキンスの考えに近いことに思い当たる。「もう遺伝子は私の身体を乗り物として使用した、生物としての役割を終えた、だったら潔く遺伝子の川から乗り物を引き上げてもいい、引き上げられても文句は言わない」、そういうことだったのだろう。

しかも、妻は栃木の農村の出身だったので、「母なる大地」という意識もあっただろう。生物は冬になって死んでもまた生き返るという思いがあったのかもしれない。そして、それ以上に動物の群れと個体という意識もあっただろう。日曜日の夜、ＮＨＫのニユースの後に動物番組「ダーウィンが来た！」を見ることが多かった。そこでは、群れを守るために個体が犠牲になる様子がしばしば映し出された。「仕方がないよね。こうやって全体を守っているんだよね」といった話を交わした記憶がある。

テレビで有名人の死の報道がなされる。妻とそのことで話をしたりする。特集番組が組まれたりする。そんな時、妻は何度か、「あの人が死んでも、ふだん通り何も関係なく進んでいく」というような感想を漏らしたことがある。

妻はまさに菫として生きていた。そして、きっと菫としての死生観を持っていたのだろう。妻は菫のように、一部の個体が踏みつぶされたり食べられたりして命を落としても、全体が生き延びればよいのだと考えていた。自分がその群れの中の名もなき一つだと感じていた。そして、群れを形作る一人として、自分の遺伝子を残し種の存続に貢献したことに満足していた。それが自分の人生だと思っていた。

そう考えて、思い当たることがある。

妻の死生観、そして妻の生き方は、まさに菫の生き方であって、人間中心主義ではなかった。生物全体、あるいは遺伝子本位で考えていた。人間を特別視しなかった。自分を生物の一つと思っていた。肥大化した自己意識、人間万能意識を持たなかった。ひっそりと一生物として生き、一生物として死ぬことを願っていた。

妻はバードウォッチングを好み、ハイキングを好んだ。残した写真のほとんどは鳥や草花や山々の風景だった。妻は自然そのものを愛していた。自分をその大きな大自然の中の一かけらだと考えていた。そして大自然を通して世界を見、自分を見ていた。そんな生き方をしていた。そんな死に方をした。

妻の死後、妻の生前の好みや生き方をお話しして菩提寺の住職に妻の院号をお願いしたところ、妻の名前の一文字と「自然」という言葉を加えた号をつけてくださった。妻にふさわしい院号だと思う。

妻も私も魂が永遠であるとは思っていないが、自然を愛し、自然とともに生きようとした妻の永遠の名前に「自然」が記されているということは、まさに妻の生き方を表しているといえるだろう。

若いころは自我意識が強かったのかもしれない。妻はすぐに怒る人間だった。自己主張をする人間だった。だから、我の強さは持っていた。だが、そのような自分を否定し、徐々に菫のような生き方をするようになったのかもしれない。自分を中心とする人間中心主義から脱却したのかもしれない。

だが、間違いなく、妻が見ているのは、人間中心の世界ではなかった。菫として生き、菫として死んだ、菫の立場から人間を見ていた、そんな気がする。

第四章 小さき人として生きるために

妻は、農家で育った田舎者だった

菫のように小さな人として生き、人間中心主義から離れて、自分を種の中の一個体とみなし、死を「飼いならされた死」とみなして静かに死んでいく……。妻の死はそのようなものだった。

妻の日常を思い出してみる。そして、妻の人となりを思い出してみる。妻の行動を思い出してみる。おそらく妻の経歴や行動の隅々に菫のような生き方、死に方が現れていただろう。一つ一つの妻の行動はたぶん連動して特有の死生観を作り出していただろう。そのような考えは、どのように体験や行動に現れていたのか、妻はそのような考えに基づいてどういう行動をとっていたのかを思い出してみる。きっと妻の困った性癖も特有の死生観につながっていただろう。そうしたことを振り返って、もう少し検証したい。

逆に言えば、どのような行動をとれば妻のような考え方をするようになれるのか。そして、それが頭で考えただけのことでなく、自分の価値観になり、自分の肉になるのか。どのような点で妻の行動は、私たちがこれから生きていくためのヒントになるのか。妻の行為を追いかけると、それを探ることにもつながるだろう。

そして、私が近い将来、あっぱれな死を迎えたいと思う時、妻のそのような行動を参考にしていきたいと思うのだ。


妻は田舎者だった。

先に述べた通り、妻は実際に農家の生まれであり、精神も田舎者を生涯通した。このことは妻の死生観が作られたことと大きな関係があるだろう。

そもそも私が妻と結婚を決めたのも、その田舎者ぶりに感動したからにほかならなかったと、今、改めて思う。妻との出会いを思い出しつつ、妻の生き方を考えてみる。

妻は、栃木県の農家で生まれ、高校まで故郷で過ごして、その後、都内の私立大学に入学した。その大学で、非常勤講師として勤める私と知り合ったのだった。ただ妻の在学中は、ほとんど印象に残らない学生だった。

妻が卒業してしばらく経ち、ちょっとした事情があって再会した折、私は妻に最初にどこの出身なのかを尋ねた。栃木県の知らない町の名前を答えた。聞いてみると、農業地帯で、農家の出身だということだった。話をするうち、隣の家の人の話になった。40年ほど前のことなので記憶が定かではないが、確か隣の人がときどき、朝の6時ころから家にやって来て、うるさくて困るというようなことだったと思う。雨の時など、近いのに車で来ることもあり、何人もが集まることもあるという。

「え？　隣の人が車で来るの？　隣の家まで、どのくらいの距離があるの？」と尋ねてみた。「いちばん近い隣の家まで300メートルくらいです」と答えられて仰天した。「車を何台も停められるくらい広い駐車場があるの？」と聞くと、「はい、玄関の前に10台くらいは停められます」と答えた。

夜になると、街灯などなくて真っ暗になるという。水路があり、カエルがいて、夜は空にびっしりと星が見えるという。

バス停までは数分歩かなければならず、バスも一日に上下合わせて4本くらいしか通らず、小学校は一学年十数名で、高校生のころは、初めのうちはローカル線のディーゼル車に30分近く乗り、後には寒い時でもバイクで通学したという。子どものころには有線放送があり、家族は三輪トラックで作業をしていたという。私の頭の中に、テレビドラマか映画でしか見たことのないような、ひと昔前の農村生活が浮かび上がった。

しかも、そうしたことを栃木訛《なま》りで語り、時に私には理解できない方言が混じり、どうも、「行く」と「来る」が標準語と異なるようで、なんだか私の頭では位置関係がわからなくなったりした。「お父さんが帰る」というところを「お父さんが来る」というなど、不思議な表現も混じっていた。

祖父を弔った故郷の土葬習慣

実は私も妻に負けないほどの田舎者だ。私は大分県日田市出身。実際に生まれたのは母の実家であり、そこは今は日田市に編入されているが、当時は日田郡大鶴村だった。山あいの寒村だ。5歳で日田市を離れて、同じ大分県内の中津市に移った。そこもまた田園地帯で、田んぼや畑に囲まれ、魚を捕ったり昆虫を追いかけたりして遊んだ。そして、10歳からは大分市で暮らした。

東京から見れば日田も中津も大分も同じような田舎町なのだが、中に住んでいる人間にはそこに階層がある。私はだんだんと少しずつ大きな町に移動した。つまり、私はずっと田舎者意識を持っていた。

大学入学とともに東京に出て、そのままその周辺で暮らしているが、田舎言葉が出るたびに恥ずかしく思った。田舎者とばれないようにと気を付けながら生きてきた。大学時代、仕送りの中に、当時、九州以外ではとっくに使われていなかった百円札が混じっていて、それを使うのに赤面していた。田舎を恥じ、そこから逃れようとしていた。

ところが、妻は、私以上の田舎で暮らし、いつまでも田舎言葉が抜けなかったが、それを少しも恥じることはなかった。

なんという田舎者だ！　というのがその時の妻に対する私の印象だった。大学の４年間、きっとお洒落な東京の友達とお洒落なところに行って遊んだりもしなかったのだろう。尋ねてみると、姉が東京の人と結婚して多摩地区で暮らしており、広い家なので、大学の４年間、そこに住まわせてもらっていたという。姉と栃木弁で話しているために、まだ訛りが抜けていないのだろうと推測できた。私が田舎者であることを恥じていたことが滑稽だと思い知らされるほどのあっぱれな田舎者だった。

結婚することになったのは、私が妻のあまりにあっぱれな田舎者ぶりに感服したからといっても間違いないと思う。

妻は、故郷だけでなく、農村に親しみを抱いていた。新婚旅行に行った時も、列車から見えるヨーロッパの農作物に関心を持ち、その後も遠出をともにするごとに、車窓から見える田畑の作物に目をやった。

テレビで農民が出てくると、それが日本人であっても西洋人やアジア人であっても、しばしば感動したように、「この人たちはうちのお兄さんと同じ顔をしてる。自然を相手にしている人特有の顔だ」と語っていた。妻の長兄は栃木の米農家を継いで、米作りに精を出していた。あわてず騒がず、コントロールすることのできない相手に我慢する人の顔だ。

そして、もちろん妻の顔も、言われてみれば幾分かはそのような顔だった。

妻の語る故郷、そして田舎は前近代的な要素を多分に持っていた。

妻に祖父の死と葬儀の話を何度か聞いたことがある。妻の祖父はしばらく寝たきりになったのち、1973年に75歳で死を迎えたという。当時の70代の死は天寿を全うしたと思われたらしい。死が確認され、親戚が呼ばれると、死者を裸にして関係者全員で身体を水で清めたとのことだった。

　そして、自宅で通夜と葬式を行い、棺をリヤカーに乗せ、関係者が行列を作り、家族が幟のようなものを持って自宅から家の墓地まで村を通って練り歩き、周囲に人が集まっていると、親族が小銭をそちらに向けて撒《ま》き、村の人は、天寿を全うした人の葬儀で小銭を拾うと縁起がよいということで競って拾ったらしい。

　そして、木々に囲まれた墓場に着くと土葬をし、遺体を土に返すのだと語っていた。そのような死の儀式を妻は何度か話した。そのうち、誰か親族が死んだら、私たちもそのような儀式に加わることになると妻は話していたが、さすがに農村地帯でも土俗的な葬儀の風習はなくなって葬儀屋が仕切って遺体は火葬にするようになったようだった。

　妻は自分や私はもちろん、子どもたちの誕生日も、そしてクリスマスもほとんど祝わなかったが、お盆や正月などはほかの家よりも大事にした。ゆず湯や草餅、七草がゆなど、季節につながる伝統行事の品も自分で作ったり購入したりしていた。妻は大地と密着した思考をしていた。

人間も死後土にかえる

妻は田舎者であるからこそ、菫のような意識を持つことができたのだろう。できた、というよりも自然とそのような思考をしたのだろう。

妻の兄がそうであったように、農民は自分ではどうにもできない自然の中で生活を営む。天候のせいで作物が大打撃を受ける。それを耐え忍ぶ。そうしながら、翌年の春に種をまき、秋になって収穫する。それを繰り返す。

作物だけでなく、多くの木々が裸木になり、草木は枯れる。そして、春になると途端に草木が芽生え、緑が鮮やかになり、花が咲く。まさに大地が生き返る。前章でエリアーデの文章を示したが、そこで語られていた通り、人間も死後、土にかえるという意識を抱いていたかもしれない。そして、春になって再び緑があふれるため、大地によって形を変えて再生するという感覚を抱いていたのかもしれない。

エリアーデは、先に示したと同じ『豊饒と再生』の中で次のように書いている。

人間は、同じ植物の子宮からのエネルギーが単に放射されただけのものにすぎず、人間とは、植物のレベルでの過剰がたえずその出現を促している、かりそめの形態なのである。「実在」と「力」の基盤も源泉も人間にはなく、植物にこそ存するのである。人間は、植物の新たな存在様態の束の間のあらわれにほかならない。人間は死ぬときに、換言すれば、人間の条件を放棄するときに「種子」または「精霊」の状態で、樹木にかえる。事実、これらの具体的な表現形態は、レベルの変換のみを表しているのである。人間は宇宙の母胎に還帰し、再び種子の状態を獲得し、再び胚種となる。死とは、普遍的生命の源泉と再び接触することである。

もちろん、妻自身は自分が生まれ変わるとか、生は回帰するといったようには思っていなかった。それどころかそれを強く否定していた。しかし、農家出身の妻はきっと植物の生命は種として回帰していくという価値観を無意識のうちに受け取っていただろう。それが妻の考え方に大きく影響を及ぼしていたといえそうだ。

今の私たちがこのような農村特有の思想を自然に身につけるのは難しい。いや、妻に劣らぬ田舎者である私には、どうにかまねできないでもないが、そうでない方には、なかなか難しいだろう。

しかし、妻がこのような考えを子どものころから抱くようになっていたことを認識して、少しそのような思想を追体験してみるのも、あっぱれな死を迎えるのに必要なのかもしれない。田園風景を映像で見たり、前近代の呪術的な物語を読むことによって、妻の子どものころの漠然とした感覚を共有することはできるだろう。

いや、それ以前に、高度に情報化され、都市化された現在、そのような価値観に触れるのは、心の癒しとして決して無駄なことではないと思うのだ。

妻は自分を特別と考えなかった

菫として生き、菫として死ぬことを考える時、妻の特徴で思いつくのは、妻は自分を特別扱いしなかったということだ。自分をバラやランと思わず、野に咲く菫のような名もなき小さなものとみなしたということだ。

妻は、自分は特別な存在ではなく、誰もが死ぬのだから、自分も死んで当然だと思っていた。自分を客観視し、自分の分を知り、高望みせず、過大な自己評価もしなかった。4人きょうだいの末っ子として生まれ、兄二人ほど勉強ができるわけではなく、姉ほどの美人というわけでもないということ、そして両親が農業で忙しかったために、あまりかまってもらえなかったという事情もあるのだろう。「私なんて何でもない」「美人でもない、頭がいいわけでもない」「特別に育ちがいいわけでもない」という意識を強く持っていたようだ。その言葉は妻の口からしばしば出た。

私自身は耳にしなかったが、最後の入院をする直前、最後の温泉旅行として万座温泉に行った時、同行した息子は妻から、「私は美人でもなく、頭がいいわけでもなく、人並み以上の努力をしたわけでもないのに、そのわりに良い人生を過ごすことができた」と口にしたという。実感だっただろうと思う。

とはいっても、妻の自己評価が特別に低かったわけではない。妻はかなり勝ち気で、誰かに何かで負けると悔しがっている様子だった。自己主張も強く、へりくだるといったことは一切しなかった。私や家族に過小評価されていると察するとすぐに異議を申し立て、怒ったり、不機嫌になったりした。過小評価されたままになるということはなかった。

妻は50歳ごろになってから、関西の大学のランドスケープデザインコースで学び、そこでの試験にレポートを提出していたが、それに低い評価がされて心外に思うことがあったようだ。そんな時には、私にレポートを見せて、講師の評価は辛すぎるということを確認しようとした。事実、そのような場合には妻の言う通り、講師のほうが明らかに妻のレポートを読み違えて的外れな評価をしていたのだった。

レポートの中には高い評価を得ているものや絶賛されているものもあった。私が読んでもなかなかよく書けているものも多かった。それを誉めると、妻は「たまたま先生が気に入ってくれたのよ」とか「きっとみんなを誉めてるのよ」「たまたま読んだ本にあったことを応用して書いただけよ」などと言って話をそらした。

自分を過小評価することも、過大評価することもなく、客観的に自己評価をしていたといえるだろう。

妻は、しばしば「まだまだ上がいる」という認識を語った。「私の知っている中では私はいい方だけど、私の知っている人なんて、たかが知れている。もっともっとすごい人が世の中にはたくさんいる。その人たちと比べたら、何でもない」

そのようなことは、妻自身についてだけではなく、私たち家族についても適用された。

「あなたの書いた本なんて、賞を取ったわけでも、名著というわけでもない。人によって、おもしろいと思う人がいるというだけ。もっと良い本はたくさんある。もっと才能のある人はたくさんいる。もっと才能のある人やもっと頭のいい人から見ると、あなたなんて何でもない」

私ももちろん図に乗ったりはしないが、たまに偉そうなことを言うと、妻はそのように言って私を諭《さと》したものだ。

息子に対しても、娘に対しても、しばしば「今度はたまたま運が良かっただけ。ほかにもっとできる人はたくさんいる」と語っていた。

自分を特別と考える人は、「私だけは大丈夫」などと考える傾向があるようだ。自分をスーパーマンのように感じており、自分の乗った飛行機だけは絶対に落ちない、自分だけは何をしても絶対に新型コロナウイルスにかからない、自分だけは危険な目にはあわないと考える。

逆パターンも自分を特別と考える人だ。「ほかの人は大丈夫でも、自分にだけは不幸が降りかかるかもしれない」「他は大丈夫だろうが、自分の乗っている飛行機は落ちるかもしれない」「自分だけは難病にかかるかもしれない」「百万人に一人にそれが起こるとすると、それは自分かもしれない」、そのように考える。そう考えて、必要以上に怖がり、用心し、行動を自粛する。私自身はどちらかというとこの部類に属する。

自分はありふれた人間だ、と言い聞かせる

ところが、妻はどちらにも属さなかった。自分に特別なことが起こるといった言葉は一度も聞いたことがない。何かをするごとに、それなりのリスクを考え、それなりの対応をしていた。特に地震対策には気を付けていたようで、防災用の製品などは買い集めていた。太陽電池で小さな電気の起こるもの、手回しによってラジオが聞けたり懐中電

灯が点灯したりする器具も手に入れていた。きわめて妥当な心配をしていたといえるだろう。

むしろ妻は、「自分だけは大丈夫」と考える人を強く非難した。そのように考えて大きな災害に遭ったり、病気にかかったりした人を報道で知ると、強い言葉で批判した。以前、神奈川県の川で、上流で大雨が降っているために警察などがたびたび警告をしたにもかかわらず、それを無視してキャンプを続けて不幸にも死者を多数出したという事故が起こったことがある。妻は、命をなくした人に対して同情するよりは、「自分たちは大丈夫」と過信した人々を強く非難した。

逆に、必要以上に心配する人に対しても妻は容赦なかった。

子どもたちの帰りが遅かったり、連絡がなかったりして、私が必要以上に心配していると、妻は笑い飛ばした。「何か事情があるのよ」「無駄に心配しても、厄介に思われるだけよ」などとまっとうなことを言っていた。

考えてみると、洋の東西を問わず、近代文学の多くが自意識との闘いの記録だったといえるかもしれない。言い換えれば、「自分は特別」という意識とどう折り合いをつけるかという物語が大量に作り出されてきた。

フランス文学の名作とされるスタンダールの『赤と黒』は、自意識が強く野望にあふれた貧しい青年ジュリアン・ソレルが侯爵家に入り込んで出世をもくろみ、恋愛問題の末に挫折する物語だった。ロシア文学の傑作であるドストエフスキーの『罪と罰』は、「ナポレオンは民衆のために、凡人を殺すことが許される」という思想を持ち、自分は特別だという意識のもとに女性を殺害したラスコーリニコフが、自分の思想に自信を失い、清純な娼婦ソーニャの導きで聖書を知り、シベリアへの流刑でソーニャへの愛に目覚め、特権的な自意識をなくす物語といっても間違いではあるまい。

夏目漱石、芥川龍之介、太宰治といった日本文学を代表する作家たちは、いずれも家と近代的自我の葛藤、自我の拡大したエゴイズム、もてあます自己愛を描いてきた。

もちろん、それはジュリアン・ソレルやラスコーリニコフ、漱石、芥川、太宰の登場人物のような自我の拡大、自我と社会のせめぎあいに基づく苦悩こそが近代人の生き方だったということにほかならない。自分を特別の存在とみなして生きていくことこそが、近代に生まれた人々の当然の生き方だった。

先に引いた『イワン・イリイチの死』の中でも、イワンは凡庸《ぼんよう》な家庭に生まれながらも才能と努力で出世した自分を特別な存在だと思っていた。イワンは自分の死を意識した時、「カイウスは死ぬ」という万人にとっての真理が自分という特別な存在には当てはまらないはずであったことを嘆いたのだった。

昔キーゼヴェッターの論理学でこんな三段論法の例を習った――「カイウスは人間である。人間はいつか死ぬ。したがってカイウスはいつか死ぬ」。彼には生涯この三段論法が、カイウスに関する限り正しいものと思えたのだが、自分に関してはどうしてもそう思えなかった。

カイウスが人間であり、人間一般であること――そこには何の問題もない。だが自分はカイウスではないし、人間一般でもなくて、常に他の人間たちとはぜんぜん違った特別の存在であった。彼はイワン坊やであり、ママがいて、パパがいて、ミーチャとヴォロージャの兄弟がいて、おもちゃがあって、御者がいて、乳母がいて、それから可愛いカーチャがいて、幼年時代、少年時代、青年時代それぞれに、たくさんのうれしいこと、悲しいこと、喜ばしいことを味わってきたのだ。

イワンが納得いかずにいるのは、「なんで、特別な存在であるはずの自分が死ななければならないのだ？」ということだ。逆に言えば、「自分は特別の存在だ」という意識を捨てれば、「自分がほかの人と同じように死んでいくのは当然だ」という気持ちになる。

自分は特別という意識が苦しみを産み、自らの死をいっそう悲劇的なものとみなしてしまうこと、それはきわめて納得のゆくことだ。妻は自我の苦しみから逃れるために、そもそも自我を弱めようとしたのかもしれない。あるいは、農家で暮らした妻はそもそもあまり強い自意識を持たなかったのかもしれない。いずれにせよ、あっぱれな最期を迎えるには、強い自意識は邪魔になることは納得できる。

私も心の奥に「自分は特別」という意識があるのを自覚している。自分は優れているとは思っていないにしても、少なくとも自分自身にとっては自分は特別だという意識は強く持っている。それを糧にして生きている面もあるだろう。だから、「自分は特別ではない」と考えるのは実はかなり難しい。

しかし、これについては努力が必要なわけでもなく、何かをしなければいけないわけでもない。「自分は特別だ」という意識が生まれてきたら、「いやいやそんなことはない。自分はありふれた人間だ。どこにでもいる人間だ」と言い聞かせることはできるだろう。きっとそれは、強すぎる自己意識から逃れる手段にもなるだろう。

妻は人間関係でも特別な存在を作らなかった

自分を特別と思わず、平凡な一人とみなす。そのような妻の態度は、人間関係にも及んでいた。それこそ、妻の最も妻らしい点と言えるかもしれない。

妻と私との出会いと結婚は、タイプわけすれば、恋愛結婚ということになる。詳しいことは書かないが、それなりに恋愛時代があった。

恋愛時代においては、相手に伝えることを煎《せん》じ詰めて言えば、「私にとって、あなたは特別の存在だ。だからあなたにとっても私は特別の存在とみなしてね」ということに尽きると思う。言葉を替え、状況に応じてあれこれのことをしゃべるだろうが、要するに、恋人同士は、「あなたは特別」「私も特別扱いして」ということを確かめ合う。

例えば、『ロミオとジュリエット』も、モンタギュー家のロミオが冒険心でキャピュレット家のパーティに紛れ込んで、ジュリエットと顔を合わせて、互いに特別の存在とみなした時から話が展開していく。

また、トルストイの『戦争と平和』はいくつもの愛の始まりを描いているが、それもすべて、相手を特別とみなすところから始まる。ナターシャの恋に絞っても、高貴なアンドレイとの出会い、ならず者のアナトーリの誘惑、アンドレイとの再会、アンドレイの死後のピエールとの再会など、いずれも相手を特別とみなす状況が丹念に描かれる。

すべての恋愛小説、恋愛ドラマが、相手を特別とみなし、それが薄れてよそよそしくなり……という心理の移り変わりにほかならない。

私もそこそこ恋愛経験はあるので、妻に対して、そのようなことを口にしたと思う。心からそう思っていたし、もちろんそれを口にすることを妻も喜ぶと思ったのだった。そして、妻にそのようなことを言ってほしいと思っていた記憶がある。

もちろん、妻もそのようなことは確かに口にした。私を特別と考えてはいたのだろう。まあいろいろなことがあったが、それなりに家庭を維持したのだから、その後もずっと互いを特別と考えていたと思う。

だが、「あなたは特別」という愛の甘いささやきを口にし続けることは、妻にはほとんどなかった。次にどこに行く、何をする、どういう意図でそれをする、そんな実務的なことを話すばかりで、感情を語り合うことはめったになかった。私がそのようなことを口にしても、妻はそれに乗ってこなかった。

「さすが文学好きの人は違うわねえ。私のきょうだいたちは、そんなこと絶対口にしない」

私が少し感情表現をすると、妻はそのように言って揶揄《やゆ》した。そういわれると、私としてもそのような言葉を口にしなくなった。

もちろん妻は私との間が「赤い糸」でつながれているといった考えはしなかった。たまたま相手を求めている男女が出会い、思惑が一致して結婚した、というきわめてクールでドライな考えを持っていたと思う。

もちろん、妻は私を「永遠の人」とも思っていなかった。そもそも来世というものを妻は信じなかったが、「来世でもあなたと一緒になる」というようなドラマで口にされるセリフを妻は妄言と考えていた。「私は来世でもあなたと一緒になるなんてとんでもない。一回で十分」と何度か語っていた。

「私が死んだら、もっと若い女の人を見つけて再婚していいよ。私もそうするから。でも、私は結婚は一回で十分だから、きっともうしないと思うけど」ともたびたび口にしていた。どのくらい本音だったかはわからないが、本音が混じっているのは間違いないと思う。

そのような態度は私だけに向けられたわけではなかった。妻は子どもたちに対しても、愛情にあふれた言葉をかけることはなかった。「あなたたちを大事に思っている」といったぐいの言葉は一切口にしなかったと思う。親の役目の大きなことの一つは、子どもに対して、「あなたは私の子どもである以上は特別の存在だ」と言葉の端々、行動の一つ一つでわからせることだと思うが、妻はそれほどそのような態度はとらなかった。

もちろん、子どもたちが病気にかかった時、必死に看病した。子どもがクラス内の事件に巻き込まれようとした時、鬼の形相で子どもたちを守ろうとした。息子も娘も、小学校に通っていたころ、クラス担任から不当な目にあわされたといっては怒りをあらわにしていた。私も何度か妻にせっつかれて学校の担任の態度に対して説明を求めに出かけたことがある。

おそらく、妻は間違いなく、家族を最も大事と考えていた。だが、少なくとも、特別だということを口に出すことはなかった。きっと口に出すのを恥ずかしいと思っていたのだろう。感情を吐露し、自分の弱さをさらけ出し、抱き合ったり慰め合ったりする、というのは最も妻の性に合わないことだった。

妻にとっては、次に何をしてほしい、どこでどのような行動をとるといった、実務的な共同作業について語り合うことが何よりの愛情表現だったといえるかもしれない。

偏屈な荷風とわが妻の覚悟

そもそも、妻は自分の感情を言葉にして語ることはなかった。とりわけ、愛している、好きだ、大事に思っているといったプラスの感情を口にすることはなかった。子どもたちが小さかったころから、抱きしめたり、愛情ある言葉をかけたりといったことは子どもに対してしなかった。大人になってからはなおさらだった。

息子は仕事に就いてからは、1年間だったが、我が家を離れて地方に赴任した。その後、都内に勤め先を見つけてその近くにマンションを借りた。息子は月に一、二度、我が家に帰ってくるようになった。

息子が帰ってくると、妻は嬉しそうだった。私と二人きりでいる時と比べるとずっと弾んだ大声でしゃべった。はた目から見て、明らかにはしゃいでいるように見えた。風呂に入る時間になっても、寝る時間になっても、二人でしゃべっていることもあった。

ところが、息子が帰ると、「あの子、つまらないことばっかりしゃべって、いつまでも寝かせてくれない」などと言って嘆いた。「来る必要もないのに、なんでしょっちゅう来るのかしらねえ。あの子が来ると、厄介で仕方がないのに」と常に言った。

孫についても同じだった。妻の亡くなる2年前、娘に女の子が生まれた。娘は近くで暮らしているので、時々顔を出した。新型コロナウイルスが流行し、妻が癌になり、しかも娘の家庭でも何度かコロナに感染したので、感染を心配して、それほど頻繁に会うことができなかったが、それでも安全と思われる時に顔を出した。

孫が来ると、妻ははしゃいだ。赤ん坊や幼児の扱いは、もちろん私よりも数段上で、私が抱っこをしても孫は喜ばず、いつも激しく泣いたが、妻が抱くと泣き止むことが多かった。孫が眠そうにしていると妻は添い寝をし、ゆすったり抱っこをしたりおんぶをしたり、あれこれとあやしたりした。幸せそうな表情だった。

それでも、孫が帰ると、「ああやっと帰った。孫はうるさくて仕方ないねえ。もう来ないでほしい」と言い出した。

妻は間違いなく、息子を、そして孫を愛していた。姉と旅行に行った時、孫のお土産に何を買おうかといつも気にかけていたという。一度は木馬を買おうかとまで言っていたという。しかし、それをあまり表に出さなかった。

愛情たっぷりなことを口にすることに対して、妻はテレを感じていたのだろう。そして、きっと愛情を強く感じることに対して自分でブレーキをかけていたのだと思う。溺愛しないように、愛情過多にならないように、相手を特別と思わないように、相手に特別と思われないように。

　愛情過多になり、溺愛するからこそ、こだわりができ、相手を特別と思い、自分を特別と思う。これらのことはつながりがある。妻は周到にこれらのことを避けていた。そうやって菫のような生き方をしていたのだろう。

　妻は夏目漱石に対する以上に、永井荷風に対しては関心を持っていなかっただろう。一、二冊は読んだことがあったかもしれないが、私は荷風について妻と話した記憶がない。しかし、妻はもしかしたら、幾分かでも晩年の荷風のような気持ちがあったのではないかと私は思うのだ。

　妻は独り暮らしではなく、私と暮らしており、それほどには孤独ではなく、十分に社会生活は送っていた。荷風のように「偏奇館」と呼ぶ家屋にこもって、『断腸亭日乗』と呼ぶ日記に鋭い社会観察やら人の悪口やらを書いていたわけではない。いわんや特有の服装でいかがわしい場所をうろついていたわけではない。だが、人々から距離を取り、ちょっと偏屈もので、テレビニュースを見ては社会に対して毒づく姿は荷風めいたところがあった。

荷風は俗世間にまみえるのを潔しとしなかったのだろう。誰も信用せず、誰も特別の人とみなさず、『断腸亭日乗』に友人知人の悪口を書き、政府の欺瞞《ぎまん》を暴く。日記の中で関係した女性を数え上げるが、そこに特別感は全くなく、まるで動物園の動物について記述するように、即物的に記す。

しかも、孤高の存在となるのではなく、むしろ卑小な存在として生きようとした。特定の誰かに対しては距離を取りながらも市井の人々に愛の目を注ごうとした。最後には孤独死をして、死後数日して発見されることになる。しかし、きっとそれは非業の死というよりも、荷風自身の望んだ、とは言わないにせよ、少なくとも覚悟した通りの死に方だっただろう。

妻の生き方にはそのような覚悟のようなものがある。世間から一定の距離を置いて、死の間際にもきょうだいにだけ知らせ、それ以外の友人知人には一切知らせることを拒否した。このような特定の人とのつながりを重視しない態度は、菫として生きること、そして現世に執着を残さずに去っていくには必要だっただろう。

もしかしたら、自分が特別な存在だという意識を捨てるために、他者との特別の関係を持つまいと心掛けたのかもしれない。

最後に一度だけ、遠慮がちに愛着を表明したのは、前にも触れた最後の那須旅行の際だった。

妻のこの小旅行は特定の人間に強い愛着を持たずに生きようとしながら、死を前にして、どうしても執着が起こってしまっての行為だっただろう。逆に言えば、この小旅行によって心残りなく死を迎えられたのだと思う。

いずれにせよ、誰かを愛するにせよ、ある程度の距離を保っておくというのは大事なことだろう。誰かと特別な関係を強く持ちすぎると互いに窮屈になる。気苦労ばかりが多くなり、相手が自分のことを同じように特別と思っていないと考えては嘆くことになってしまう。そうならないためにも、誰かを特別と思いそうになったら、妻のように、ちょっと否定的に考えて、どっぷりつかろうとする自分に水を差すのはうまい方法だと思う。そして、これは誰にでも簡単にできることだ。

プライドを抑え、安らかに死を迎える

妻は自分が自慢をする人を何よりも嫌った。

妻の自慢嫌いは、どうも、ふつうに言う「自慢はよくない」とは違っていたような気がする。一般には、自慢がよくないというのは、「相手を不快にしないように」「謙虚でいるのが望ましい」「仲良くするためには、相手を立てる必要があるのであって、自分が目立つのはよくない」という論理だと思う。だが、妻は、相手を不快にするようなことも平気で言ったし、謙虚ではなくかなり自己主張が強かったし、仲良くするために言いたいことを我慢することもなかった。

自慢をしないというのは、妻にとって仲良くするための手段ではなかった。「自分は並みの人間ではない、優れた人間だ。それをわかってくれ」と考えること自体が許せなかったのだと思う。

もちろん、突出した能力を持っているのであれば、それは心から認める。だが、それ

ほどではないのに、あたかも力があるように錯覚し、それを人前で口にしようとする、そのような態度を妻は嫌った。

きっと妻は「自分は平凡な多くの人間の中の一人だ」と言い聞かせていたのだと思う。自慢をしないだけでなく、図に乗らないように言い聞かせていたのだと思う。そうすることで菫のような生き方を貫いていた。

自慢したくなることがあっても、「いや、私は平凡な人間、我が家は平凡な家庭だ。誰にも自慢できるようなことはない」と言い聞かせていたのだと思う。

日本人なら誰もが知る政治家・作家に石原慎太郎がいる。戦後日本が経済力をつけて豊かになり始めた時代の若者の無軌道な生活を描く小説『太陽の季節』を発表して芥川賞を獲得。その後、作家活動を続けながらも政治家への道を進み、映画界の大スターになった弟・石原裕次郎とともに戦後日本を牽引した。そして、１９９９年からは４期12年間にわたって東京都知事を務め、２０２２年に世を去った。

その波乱万丈で華麗な人生は、死後出版された自伝『「私」という男の生涯』（幻冬舎）

にくわしく書かれている。女性関係、弟・石原裕次郎とのタッグ、政治的なかけひき、数々の周囲の人を驚かせた冒険、政財界、文化人との交流、そしてその時々の思いが書かれている。

これは、現在からみると、まさに「ベルエポック」であった昭和という時代を通り過ぎた風雲児の自伝であって、そこには経済が拡大し、日本が世界第2位の経済大国に上り詰めた時代の、しかもそのような社会を作るのに貢献した一人の人間の生きざま、考え方が現れている。昭和の時代を作った人物の自伝としてとても興味深い。

豊かさをめざし、華やかに生き、まさに「大きな人」として生きた石原氏と対極にあるのが妻の生き方だったといえるだろう。

ところで、井上ひさしは「すべてのエッセイは自慢話である」と語り、阿刀田高も「極論ではあろうが〝人は自分自身について語るとき、それはつねに自慢話である〟と私はこう放言する立場である。卑下したり失敗を語ったり、マイナス面を言うときも、これは裏返しの自慢であることが多い」と書いている（https://www.nikkei.com/article/DGKKZO32411590Z20C18A6BC8000/）。

先に挙げた石原の自伝は、まさに昭和の男のすがすがしいほどの自慢話としてとらえられるものだ。そう考えると、そこに書かれる活躍、失敗、苦悩のすべてがずば抜けた才能と活動力に恵まれた昭和の風雲児の自慢話にほかならない。ここでも、自慢をしなかった妻とは正反対の傾向がみられる。

その石原慎太郎が死の直前に書いた「死への道程」という短いエッセイがある。そこには余命３か月を告げられたときの出来事が素直に書かれている。

令和三年十月十九日

コロナ騒ぎに幻惑され反対する家族の反対を押しきり、このところ続いている腹痛の原因をしらべるためにあえてＮＴＴ病院に出向いて検査をうけた。相手の医師は、以前リキッドバイオプシーで膵臓の癌を指摘してくれた神田医師その人だった。

あれは一目にも恐ろしい光景で、私も思わず息を飲んで今さらおいつくまいと覚悟しながら画面一面満天の星のように光り輝く映像を眺めながら、

「これで先生この後どれほどの命ですかね」

質したら、
即座にあっさりと
「まあ後三ケ月くらいでしょうかね」
宣告してくれたものだった。
以来、私の神経は引き裂かれたと言うほかない。
半年前千葉の重粒子線センターで焼き尽くした筈の膵臓癌が蘇生していたのだ。
以来果てしもない私自身の「死」をからめてあらゆる思索の手掛かりとなりはて頭の中ががんじがらめとなり思考の半ば停止が茶飯となり、私の文学の主題でもあった「死」はより身近なものとなりおおせた。死刑を宣告された囚人とは違って、死は放り出したくなるような矮小なものに堕してしまった。

（石原慎太郎「絶筆　死への道程」『文藝春秋』２０２２年４月号）

自慢を嫌い、一切自慢をしないで過ごした妻は、死を告げられても特に動転することもなく、やや早すぎる死なのに宣告を平然と受け入れた。それに対して、自慢を大っぴらにしてきた石原慎太郎は、90歳直前になっても、死の宣告に動転している。

もちろん、私は石原慎太郎を非難しているわけではない。「死への道程」は狼狽《ろうばい》の後、「完璧に死んでみせる」という決意をするまでを語る、まさに昭和の一時代を画した作家が最後に残した見事な文章だと思う。だが、妻との対比は明らかだろう。

たった一つの例で断定するわけではないが、自分を特別と考え、自慢をして生きた人物は90歳近くになっても、死の宣告に狼狽する。特別な自分がいなくなることを受け入れられない。それに対して、自分を特別と考えず、自慢をしない人間は、自分を平凡な生物と考えているので、死の宣告にも平然としていられる。このことは、かなり普遍的なことだろうと思う。

あっぱれな最期を迎えるには、ともあれ自慢をしない方がよいだろうと私は思う。自慢したい気持ちになったらぐっと抑える。「おれなんてたいしたことはない」と思うことにする。自分よりも優れた人がたくさんいることを思い出す。きっとそうすることは自分の慢心を抑えることにつながるだろう。そして、それは肥大化したプライドを抑え、安らかに死を迎えることにもつながるだろう。

他者からどう見られるかは大事ではない

妻は写真を撮られることを嫌がった。友達や家族の集合写真であれば、特に嫌がらずに応じたが、一人や二人で撮影されることはほとんどの場合、拒否した。新婚旅行にヨーロッパに行った。当時まだ妻は20代だったが、その時も写真を撮るのを嫌がった。その後、30代になり、40代になり、老年に差し掛かると、一層その傾向が強まった。

何人かで家族写真を撮るような場合は、仕方なしに参加する。だが、一人だと顔をそむける。せいぜい、誰かと一緒で、その誰かが主人公の場合、添え物として登場するのであれば我慢する、そのような姿勢だった。

癌を告知され、先が長くないとわかってからも、撮影されることを好まなかった。私は今のうちに妻の姿をとどめようとしたが、そのたびに嫌がった。孫を抱いている時に、孫を撮る形で妻を中に入れるように工夫するしかなかった。

目立たず、みんなと同じようにする。自己顕示欲は持たずに、実際以上に着飾ったりしない。化粧も、冠婚葬祭などの際を除いて一切せずに、いわゆるすっぴんですごす。目立つとしたら、内容で勝負する。能ある鷹は爪を隠すのであって、自らアピールする必要はない。他者にどう見られるかは、たいしたことではない。自分が満足なら、それがいちばん。自分が楽しめて、自分で納得できることをしよう。身の丈に合ったことをして楽しもう。それが妻の姿勢だった。

それもまた菫らしい生き方だったのだろう。誰からも振り向かれない菫でけっこう、それで何の不満もない、ということなのだと思う。

私が学生のころに愛読したフランス小説にフロベールの『ボヴァリー夫人』がある。19世紀写実主義の最高峰とされる小説だ。

この小説のヒロインであるエンマはフランスのルーアン近郊の大きな農家の娘だが、小説が好きで夢見がちに過ごしている。田舎生活に飽き飽きしていたころ、妻を亡くしたばかりの田舎医師であるシャルル・ボヴァリーに見初められて結婚する。だが、すぐに夫が凡庸な人間に過ぎないことに気づき、不満を募らす。

そんなある日。夫とともに侯爵家の舞踏会に招かれ、その豪華な生活に目を見張り、華やかな生活を夢見るようになる。自分たちの生活が色あせて見えるようになり、夫との生活が我慢ならず、心を病むようになり、若者に恋をしたり、女好きの男に誘惑されたりする。そうするうちに徐々に生活が派手になり、贅沢品を買いあさってとめどがなくなっていく。そして、裁判所から差し押さえを受けるようになり、どうにもならなくなって、ついにはヒ素を飲んで自ら命を絶つ。

エンマの生活に大きな転換をもたらした侯爵家の舞踏会からの帰りの場面、フロベールは写実的に以下のように書いている。

エンマは肩にショールをはおり、窓を開け、肘をついた。

真っ暗な闇だった。雨粒がぱらぱらと降っていた。湿った空気を吸い込むと、まぶたにひんやりとさわやかだった。舞踏会の音楽がまだ耳のなかで鳴っていて、彼女はひたすら眠らないようにつとめ、もうすぐあきらめねばならないこの豪奢な生活の夢幻《まぼろし》を長引かせようとした。

> 夜が明けてきた。ながながと、彼女は館のすべての窓を見つめ、前夜、自分が目にとめた人たちの部屋はどれだろうと当てずっぽうに推し量った。できることなら、あの人たちの生活が知りたいし、そこに入り込み、いっしょに混じりあいたかった。
>
> （ギュスターヴ・フロベール『ボヴァリー夫人』芳川泰久訳、新潮文庫）

エンマは初めて貴族の華やかな生活を知り、それに憧れるようになる。そして、凡庸な夫との退屈な生活を軽蔑するようになっていく。ここに書いたような思いをそれ以降、一生続けていくことになる。

『ボヴァリー夫人』が発表されたのは、１８５６年。１７８９年のフランス革命の後、紆余曲折を経ながらも庶民が経済力を持ち、才覚さえあれば快適な生活ができるようになっていた。１８３０年に発表されたスタンダールの『赤と黒』では、貧しい家に生まれたジュリアン・ソレルが野望を抱いて貴族を足掛かりにして出世をもくろんで挫折する物語だったが、エンマの物語は、田舎の女性であっても、さほど華々しい成功ではないにせよ、上昇を求めて外見も華やかにしようとする時代になったことを物語っている。

欲望をかなえても、少しも幸せではない

ところで、この『ボヴァリー夫人』に関しては、エンマとは似ても似つかぬはずの、地味で生真面目で知的な作者であるフロベール自身が「ボヴァリー夫人は私だ」と語ったことでも知られている。つまりは、作者自身、ロマンティックな思いを抱き、退屈な現実に幻滅し、もっと華やかでもっとわくわくするような生活を追い求めたいと思っているということだろう。

もちろんそれは、現代人を含めて、多くの人の夢でもある。それどころか、現在では、ほとんど誰もがそのような夢を抱く時代になっているといって間違いない。

エンマは侯爵家に行く前には、貴族の生活の実態を知らなかった。知りようもなかった。エンマの読む小説の中では貴族の生活が描かれていたかもしれないが、農家という狭い世界の中ではそのような豪華なものは具体的に想像もできなかっただろう。初めて招かれて行って目を奪われたのだった。

ところが、現代人はエンマにとっての貴族の館内にあたるようなものを毎日見ている。テレビの中のドラマの世界、芸能人の華やかな生活だ。美男美女が登場し、笑わせてく

れる道化師にも事欠かず、光り輝く生活がテレビ画面の中にある。生まれた時から、それが当たり前のものとしてある。しかも、近年、ネットの中で多くの人がタレントよろしくあれこれのポーズをとってうらやましい生活の写真を発信している。

多くの人がエンマと同じように、そのような華やかな生活をうらやましく思い、自分の日常生活が色あせたものに見えている。自分の家族も自分自身もつまらない存在に見えてしまう。多くの人がエンマと同じような状態にある。

もちろん、私自身もその一人だ。年齢のせいで、さすがに様々なことはあきらめたが、少し前まで大きな夢を抱いていたし、わくわくする生活を手に入れるために精神的大冒険をしたいと思っていた。自分がジュリアン・ソレルのような大それたことのできる人間ではないと、かなり若い時期にわかったが、エンマ程度の夢は実現するのではないか、少しはわくわくした生活ができるのではないかと思っていたような気がする。

多くのことをあきらめた今でも、まだその余韻があり、見栄を張ったり、自慢したり、できないことをできると言ってみたりする。そして、現実の自分にうんざりすることがある。

エンマは現代人の宿命だといえるだろう。もっと正確に言えば、現代人は誰もがエンマになるように運命づけられている。

妻もおそらく、若いころにはエンマと同じような感覚を抱いていたのだろう。

妻は昔から見栄を張らないのかと思っていたら、妻の死後、通夜での妻の兄の挨拶で意外なことを知った。義兄が思い出話として語ったのは、子どものころの妻が見栄を張った思い出だった。

小学生時代の妻は自宅に冷蔵庫がないことに恥ずかしさを感じていたらしい。そして、どういう課題だったか知らないが、作文の時間に、自分の家に冷蔵庫があるかのようなことを書いた。きっと何かの本で読んだことをヒントにして他愛のない作り話をしたのだろう。ところが、その作文がよくできていたためにクラスみんなの前で読むことになった。誰にも知られずに素通りされるはずだったちょっとしたウソがみんなに印象づけられてしまった。しかも、その数日後、家庭訪問が予定されていた。妻は焦った。きっと家庭でも冷蔵庫をそろそろ買おうかという話があったのだと思う。これを機会に冷蔵庫を買うことにして、家庭訪問に間に合わせたという。

だから、妻は子どものころから見栄を張らなかったわけではない。そもそも農村から東京に出たのも、やはり田舎に我慢できず、都会に憧れたからだろう。そして、結婚後の私は、きっとエンマにとってのシャルルのような存在だったのだろう。妻は私が凡庸であることを知り幻滅しただろうと思う。だが、妻はエンマと違ってそれ以上を求めようとしなかった。むしろ自分からそれをシャットアウトしたと思われる。

そして、おそらく見栄を張らなくなり、見栄を張るのを嫌うようになり、あえて田舎者を通すようになっていた。

見栄を張ることが自分を大きく見せること、つまりは特別とみなすことにつながる。そうすれば、自分を過大に考え、世の中に執着することになるだろう。妻はそのことを察知して、等身大の自分でいること、自分は特別ではないことを、自分に言い聞かせていたのかもしれない。

妻のこのような態度をまねるのはそれほど難しいことではない。欲望をかなえたからと言って幸せになるわけではない。とりわけ、死を意識する年齢になると、それほど大きな欲望は持たない。それを意識して、見栄を張ったり自慢をしたりする傾向のある人はそれをやめればいい。それを続けるうちに、きっと自分を特別と思わなくなり、自分の死を受け入れやすくなるだろう。

妻は精神的には日本人離れしていた

妻は顔の作りも体型もきわめて日本的。服装のセンスも好みの料理も生活態度も、どこをとっても日本的だった。特に外国について関心もなく、大学で専攻したのも日本文学、読む本も日本人の著作がほとんど、テレビで見るのも日本のドラマ、日本の歴史にかかわることがほとんどだった。旅行も私と行った数回を除いて、自分の意志で行く時にはすべて国内旅行。マニキュアをすることもなく、結婚指輪もせず、装飾品も身につけず、西洋かぶれめいたことは一切せずに生涯を過ごした。

だから、ちょっと意外な気がするが、あれこれ思い直してみると、妻はあまり日本的ではなかった。むしろ、西洋精神として語られるような価値観を持っていたといえそうだ。

日本人は、物事をあいまいにして、イエス・ノーをはっきり言わず、空気を読んで周囲に合わせるという。気を遣って遠慮をし、にこやかに微笑するという。集団で固まる傾向が強く、個人意識が弱いという。不快であってもその場ではそれを口にしないで、陰でこそこそ言うことが多いとされる。

日本人は交渉する時も相手を信用し、「すべてお任せ」にしてしまうといわれる。いちいち疑ってチェックするようなことはない。そのようなことをするのは感じが悪いと考えて遠慮する。「こんなことを言うと相手が気を悪くするだろう」と忖度《そんたく》する。

小さな集団を作って、いつも一緒に行動し、みんな一緒という意識で行動し、よそ者を排除するといわれる。

ここに書いたことはどれ一つとして妻には当てはまらない。むしろ、妻の言動はこれと正反対だった。

妻はイエス・ノーをはっきり言い、自己主張を遠慮することはなかった。にこやかな笑みを浮かべることはなく、自分の気持ちを顔に表した。気に入らない時は気に入らない表情をした。にこやかな作り笑いをしている妻を見たら、私は驚いて何事が起こったかといぶかしんだことだろう。気を遣って行動することもほとんどなかった。忖度することなく、様々なことをズバリと語った。

社会学者、中根千枝は１９６０年代に出版されて以来、現在に至るまで読み継がれている日本社会分析の書『タテ社会の人間関係』の中で、日本人が空気を読んでしっかりと意見を言わない態度をとるのは「タテ社会」であるためだと分析している。ただし、ここで言われる「タテ社会」とは、上下関係が厳しい社会という意味ではない。

中根千枝は、インドのカースト制度を研究し、その視点から、日本がタテ社会であることを明確にしたのだった。インドだけでなく、ヨーロッパ社会でも、その集団に属する人々が同じ「資格」であることが重要視される。つまり、ヨコのつながりが重視される。一方日本では、「資格」よりも、「場」というタテの関係によって集団がつくられる。その人の職種よりも属している会社名が重要視されるのは、そのことを端的に示している。

たとえば、欧米などでは、ある新聞社に勤めていたとすると、「私は記者だ」「私はカメラマンだ」「私は印刷技術者だ」というようにアイデンティティを持ち、別の新聞社の同じ職種の人と連帯意識を持つわけだ。ところが、日本では、記者もカメラマンも印刷技術者も「私は○○新聞の社員だ」という「タテ関係」、つまりその「場」を重視したアイデンティティを持って連帯感を覚える。

そこから、ムラ意識とよばれるものが生まれ、場を共有しないものを仲間とみなさずに排斥《はいせき》する排他性と、逆に、その場で和気あいあいと過ごそうとして気を遣い合う仲間意識が生まれる。また、その場を同じにする会社への愛社精神も生まれ、年功序列が生まれる。それが平成のころまで続いた日本人の精神だった。

考えてみると、妻は確かに「場」を重視する考えを持っていなかった。そもそも、そのような場を好まなかった。何かの集まりがあっても、その場を和やかにしようという配慮をしなかった。もちろん、あえてその場を乱すようなことを言ったりはしなかったが、話を弾ませるために、何かサービス的なことを話したり、楽しいエピソードを話したりもしなかった。みんなの意見が自分の考えと反対方向に進む時には、はっきりとそれを言うか、この場は自分には合わないと判断して、そこから退散した。

妻はあまり相槌を打たなかった。誰かの意見に賛成する時は、「そうそう」と積極的に同意したが、そうでない時は無表情でいた。誰かの意見に反対の時、それを言っても問題がなければ積極的に反対したし、さすがに妻もこれは反対できないと判断すると、ふてくされたようなつっけんどんな表情をした。いずれにせよ、自分はみんなと同意しないという雰囲気を示した。

甘えず、甘やかさず

ところで、決して人に甘えず、他人を甘やかさないというのも妻の特徴だったが、これもこれまで語った妻の性向と関連があっただろう。

中根千枝の『タテ社会の人間関係』とともに日本人の深層をえぐった書物として今も読み継がれている『「甘え」の構造』の中で、土居健郎は日本人の甘えを他者と同一化しようとする日本人の特性に基づくものとして分析している。

相手に合わせ、相手に依存し、相手が自分のために何かをしてくれることを期待する、そんな心情だ。そうした心情が、自分の弱みを見せて、それに同情してもらい、それによって精神的、あるいは物質的な何かを得ようとすることにもつながる。あるいは、悲しい時、疲れた時、絶望している時に、相手と同一化することによって、慰めてもらったり優しくいたわってもらったりしようとする。

妻はそのようなことに対しても縁がなかった。

妻は私に同一化しようとしたことはない。行動をともにしようとすることもそれほど多くなかった。甘えた態度で妻の失敗を帳消しにするようにいわれたこともない。甘えた態度で身体を擦り寄せられたこともない。

世の中に対しても甘えた態度はとらなかった。何かを依頼したい時には、甘えるのではなく、要求という形、あるいは抗議という形で言明するのであって、ほのめかして甘えることはなかった。

癌だとわかった時、つらい入院が決まった時なども、妻はいたわりの言葉を求めなかった。テレビドラマなどでは、そのような時、夫は妻を抱きしめたり、やさしい言葉をかけたりするのだろう。いや、私も実はそのようなことをしようとした。だが、妻はそれを嫌がり、話を逸らすばかりだった。

自分が甘えないだけでなく、人を甘やかすこともしなかった。

子どもたちにも、甘えは許さなかった。子どもたちは甘えて何かをねだったりする。甘えて泣き出したりする。甘えて義務を怠ったりする。もちろん、妻は子どもに対して虐待することはなかったし、子どもたちがごく幼いころには、子どもの要求に従って、甘えを認めていた。そして、もちろん的確に可愛がり、ともあれしっかり育てたと思う。だが、物心つくようになってからは、少なくとも甘い母親ではなかった。

我が家のクリスマス・プレゼントや誕生日のプレゼントはとりわけ質素だった。周囲の、我が家よりも間違いなく経済的に苦しい家庭の子どもたちも、うちの子どもたちよりも高価なプレゼントをもらっていただろう。妻がクリスマスや誕生日よりも正月やお盆などを重視していたこともあって、クリスマスなど、コンビニで買った簡単なおもちゃや安物のケーキで済ませていた。

際立っていたのは、あまり子どもたちを誉めなかったことだ。

勉強についても、子どもたちがよい成績をとっても、誉めることはなかったようだ。成績が悪くて叱ることはあっても、誉めることはなかった。勉強だけでなく、息子や娘が家事を手伝うこともあった。娘が料理を作ることもあった。少々アラがあったとしても誉めてやればいいと私は思うのだが、妻は一切誉めなかった。それどころか、せっかくしてくれた子どもたちの手伝いについても、あれが足りない、これをしていないと叱ることが多かった。

妻に小言を言われるたびに子どもたちは反発していたし、それを続けるうちに、子どもたちは家事を手伝わなくなった。しかも娘はしばしば、妻に常に低い評価を受けたために、自己肯定感が薄いと口にしている。これは明らかに妻の行きすぎだと私は思っている。

一般に田舎社会では、ムラ意識が強く、集団主義的であって、都会であればあるだけそのような意識が薄いといわれる。イエス・ノーをはっきり口にせず、あいまいにしたままで実際にはボスの意向ですべてが決まっていくのが田舎社会のあり方だというのが常識だ。だが妻は故郷を懐かしみ、なかなか栃木訛りが抜けず、いつまでも都会化できなかったのだが、それでも誰よりも個人主義的だった。むしろ、田舎の集団主義的な傾向に、子どものころから反発してきたのかもしれない。

　妻は、自分を菫のように感じていた。だが、その菫は群生しているのではなく、孤立していた。そう言ってよいだろう。野原で個体として花を咲かせる菫だった。しかし、だからこそ、一人で死んでいくことについても何ら恐怖を感じずにいたのだろう。妻は一人で生まれ、一人で生き、一人で死んでいくことを認識していた。だから、集団に頼らず、群れを作らず、甘えることなく生き、そして死ぬことができたのだった。

　人は一人で死ぬ。心中や同時の事故で数人が死ぬこともないではないが、それでも死そのものは個人に訪れる。死を前にすると、人は一人の裸の人間になる。甘えは許されない。他者の誰も助けてくれない。妻はそうしたことを素直に受け入れられるような生き方をしていたといえるだろう。

　イエス・ノーをはっきり口にし、群れることなく、周囲に甘えることなく生きていくこと、それは覚悟さえ決めれば、さほど難しいことではない。誰もがはっきりと自分の意見を言いたいと思いながらも、それを口にすると他者を傷つけると思って遠慮してきただろう。その遠慮をやめさえすればいい。腹さえ決めれば、何でもない。誰にでもできることだ。

とりわけ、年齢が上になると、それほど周囲に遠慮する必要はない。遠慮をやめれば、気も楽になり、ストレスも減るだろう。

妻は真っ正直な人間だった

妻は良くも悪くも真っ正直な人間だった。

繰り返し述べた通り、妻は思ったことはすぐに口にした。腹にためて、口に出さないことはほとんどなかった。怒る時には怒った。直情的に怒った。喜ぶ時には、それを口に出すことは少なかったが、それを表に出した。不機嫌になると、見るからに不機嫌な様子を示した。

私の両親に対しても、表面だけにこやかにするといったことはなかった。これについては、私は時々大いに困った。

先に述べた通り、妻は私の両親の世話をきちんとしてくれ、両親は感謝していた。だが、ずっと平穏だったわけではない。

私は九州の出身で、私の両親はきわめて保守的だ。封建的と言っても間違いない。とりわけ父はかなり家父長的な意識を持っていた。妻が息子を産んだ時は、「男の子を産んだ」と言って喜び、風呂も最初に父が入ることが決まっていた。母もそれに従っていた。これに関しては、私も中学生のころから機会をとらえて反抗してきたが、どうにも変えることはできなかった。そんなわけで、両親の行動に対して妻はストレスをためていった。そして、それを表に出した。のちにはわかってもらえたとはいえ、きっと長い間、両親は妻のことを感じの悪い嫁と思っていただろう。

その根底にあるのは、好かれなくてもかまわないという信念だった。家族からも親族からも友人からも、特に好かれたいと思っていなかった。少なくとも、好かれるために、方針を改めようともしなかったし、機嫌を取ろうともしなかった。

私が友人に借金を依頼されたり、気の進まない仕事を頼まれたりする時にも、妻はためらうことなく、「断ればいいじゃないの」と私に勧めた。

「みんなにいい顔したって、いいことないよ」とたびたび言った。

「みんなにいい顔する」というのは、妻にとって最大のけなし言葉だった。「みんなにいい顔しようとするからあんなことになる」「また、みんなにいい顔しようとして！」などと私も言われたものだ。

妻に言わせれば、みんなにいい顔をするのは自分の立場を決めず、態度をあいまいにする卑怯な態度だった。自分の態度をきちんと示せば嫌われて当然、それならそれで責任を取って嫌われるべきだ、というのが妻の考えだった。

好かれなくてもいいということは、好かれるために自分を偽ったり我慢したりするのをやめるということだ。素のままでいい、身の丈にあった人間関係を作ればいい、みんなと仲良くして和気あいあいと過ごす必要はなく、気の合う何人かと付き合えばそれでいいということだろう。好かれようとすると、見栄を張ったり、自分を大きく見せたり、自慢したりする。好かれなくてもいいと考えれば、何も気にせずにいられる。こうしたことが妻の中では連動していたのだろう。

文化人類学者ルース・ベネディクトの著書『菊と刀』は、敵国日本の研究の成果として１９４６年にアメリカで刊行され、現在に至るまできわめて的確な日本人論として知られている。先に引いた『タテ社会の人間関係』や『「甘え」の構造』はいずれも、『菊と刀』を補足するものと言って間違いない。

その『菊と刀』の中で、英語のsincereと日本語の「誠」を対比させた部分がある。ベネディクトが示すのは、イギリスで活動した画家・牧野義雄の英語で書かれた自叙伝の中の言葉だ。牧野は貧しいながらも、英語を学びたい一心でミッションスクールで学んでいたが、18歳の時、アメリカに行く決心をして最も信頼していたアメリカ人宣教師にその決意を伝えた。

ところが、その宣教師は、「何だって？　よりによって君がアメリカに行くっていうのか」と驚き、同じ部屋にいた宣教師の奥さんとともに牧野を嘲笑した。牧野はその嘲笑にひどく傷つき、怒り、宣教師を許しがたいと思ったことを記している。

> 常々思っていることであるが、不誠実ということはこの世で最大の犯罪である。そして、他人を嘲笑することほど不誠実なことはない！

（ルース・ベネディクト『菊と刀』角田安正訳、光文社古典新訳文庫）

ベネディクトは、牧野が宣教師を「不誠実」という言葉を使って非難していることを取り上げて、こう語る。

> それは、英語としては奇妙な感じがする。そのアメリカ人が驚きの声を上げたのは、わたしたちにとってすこぶる「誠実な」ことのように思われる。ただし、その言葉をわたしたちの理解している意味で使うとすれば、の話であるが。ところが牧野は、この単語を日本語の意味で使っているのである。日本人は通常、けんかを売ろうとしているのならともかく、格別の事情もないのに相手を見下すような人のことは誠実とは見なさない。そのような嘲笑は理不尽であるとされ、「不誠実」の証拠とされる。（同）

アメリカ人は、「誠実」という言葉を思った内容を正直に口にすることだと考えている。それゆえ、あまり出来の良くない青年がアメリカに行くと語った時、「君のような英語のできない人間がアメリカに行ってどうする！」と驚いて、それを口にする。それはもしかすると、相手の気持ちを考えない失礼な言葉であるかもしれない。しかし、少なくとも「不誠実」ではない。ところが、日本では、「誠実」というのは、相手の心を思いやり、傷つけないようにすることだ。だから、牧野はその宣教師の言葉を「不誠実」と受け取り、許しがたい侮辱だと思ったのだった。

おそらく妻は、アメリカ人宣教師と同じような感覚で生きていたのだと思う。妻にとって誠実というのは、自分にウソをつかないこと、事実をゆがめないこと、嫌なことは嫌と言い、心ならずもせざるを得ないことはなるべく避けるということだった。そして、周囲からは、不誠実に思えていたこと、たとえば私の両親に対する態度なども、妻としては誠実に生きようとしていたことなのだろうと思う。

おそらく、妻は、お世辞も「不誠実」ととらえていたのだろうと思う。だからお世辞を言わなかった。お世辞を言われると、それを「不誠実」と受け取って不快だったのだろう。だから、お世辞めいたことを言われると不快な態度を示した。日本的な和気あいあいとした社会ではお世辞を言い合うのが好ましいのだが、妻はそれこそまさに不誠実のなれ合いととらえたのだろうと思う。

妻は怒りんぼだった

よく知られている通り、『菊と刀』では、西洋が「罪の文化」であるのに対して、日本は「恥の文化」、すなわち人々にどう見られるか、どう考えられるかが行動の規範になっていることが的確に描かれている。つまり、西洋人は、ある行動が神の目から見て正義にかなっているか、それとも罪なのかを考えるのに対して、日本人は、他人の目から見て恥ずかしいことか、他人からどう見えるかを考える。

したがって、言うまでもなく、アメリカ人である先の宣教師は自分の言葉は真実であるのだから神に対して疚しさがなく、それゆえ「誠実」ということになる。そしてもちろん、日本人である牧野は、周囲の人の心を配慮しない行為であるがゆえに宣教師の笑いを「不誠実」とみなすということだろう。

では、妻は、誰に対して誠実を守ろうとしたのだろう。もちろん、妻はキリスト教徒ではなかったので、神に対しての誠実ではない。きっと自分の価値観に対しての「誠実」だったのだろう。いや、「価値観」という意識を妻は持っていなかっただろう。もっと妻の実際に即した言葉を使えば、「意地」と言えるのではないか。

それは私には、菫としての意地に思える。バラでもなくランでもなく、何ら特別のものでもない菫に過ぎないが、必死に生きている。その意地を守りたかったのだと私は思う。

真っ正直に生きることは、これもまた腹さえ決めれば、それほど難しいことではないだろう。好かれなくてもいい、嫌われてもいいと心に決めさえすれば、簡単に実行できる。逆に言えば、多くの人が腹さえ決めれば簡単にできるのに、周囲に合わせようとして自分を苦しめ、ストレスを感じている。それをなくしさえすれば、自分らしく生きることができ、一人で生きる覚悟もでき、あっぱれな最期を遂げる覚悟もできるのだということだろう。今すぐに実行しても損はないような気がする。

これまで本書の中に、妻が怒っている様子を何度も記してきた。それも当然。妻はよく怒っていた。妻はいわゆる怒りんぼだった。妻の最も困った性癖は、この怒りっぽさだった。

ただ、だからと言って私も子どもたちも、妻を恐れていたわけではない。常に妻の機嫌を気にしていたわけではない。

怒るといっても、根に持つわけではなく、少し時間がたてば機嫌は直った。言い過ぎたと反省して、やさしくなることもあった。「金輪際やらない」と言いながら、誰かに不満を言われたことについては次には反省して修正していることも多かった。

それに、妻が怒るのは慣れっこだったので、私も子どもたちもそれほど深刻に考えてはいなかった。「また怒ってる」と思うだけで、特に気にせずに話を進めていた。そうこうするうちに、妻の機嫌は直っていた。

ただ、これを言うと怒るだろうなと自粛して、妻に対して要求できなかったり、妻のミスを指摘できなかったりといったことはしばしばあった。重大なことなら、妻が反発することを覚悟の上で注意するが、そうでなければ、まあいいか、と思ってやり過ごした。

三木清は『人生論ノート』の中で、「怒り」について書いている。

今日、怒の倫理的意味ほど多く忘れられてゐるものはない。怒はただ避くべきものであるかのやうに考へられてゐる。しかしながら、もし何物かがあらゆる場合に避くべきであるとすれば、それは憎みであつて怒ではない。

すべての怒は突發的である。そのことは怒の純粋性或ひは單純性を示してゐる。しかるに憎みは殆どすべて習慣的なものであり、習慣的に永續する憎みのみが憎みと考へられるほどである。

ひとは輕蔑されたと感じたとき最もよく怒る。だから自信のある者はあまり怒らない。彼の名譽心は彼の怒が短氣であることを防ぐであらう。ほんとに自信のある者は靜かで、しかも威嚴を具へてゐる。それは完成した性格のことである。

まさにその通り。妻にとっても怒りは一時的で突発的なものだった。そして、しばしば怒ったが、それが憎しみにまで深まることはなかった。きっと妻は、自分の領分が侵されたり、自分が否定されているという意識を持った時に怒っていたのだろう。まさに自身が崩された時に怒っていたのだ。

大望は抱かない。大欲は持たない。自分の小さな世界だけを守る。そこに踏み込まれたら、怒りをあらわにする。言ってみれば、妻は自分の縄張りを荒らされるのを嫌ったのだろう。言われてみれば、妻が怒るのは、妻の縄張りで妻の段取りを邪魔し、妻の予定調和を乱し、妻の快適な空間を壊す時だったのだろう。いわば、これは妻にとって、安定した気持ちを得るための必要悪だった。菫としての「意地」を守ろうとすることだった。

きっと、怒るということは妻にとって大事なことだったのだと思う。怒ることなしには、自分の世界を保てなかったのだろう。だが、妻の怒りんぼに悩まされた私としては、この妻のマネをしたくない。ほかの方法を取りたい。

他者に対して攻撃的にならなくても、自分の領域を守ることはできる。私だったら、私の領域に侵入してきた相手に静かにクレームを語り、場合によっては抗議書を送る。そして、相手の行為がいかに理不尽なのかをわからせようとする。そうするうちに、もし自分の方に落ち度があれば、それに気づき、平和に物事を解決できるだろう。だが、妻のように頻繁に、それをすぐに表に出すのは困りものであるにせよ、時には怒ることによって自分を保つことができる。自分の価値観を守ることができる。これだけは譲れないという点を持って、それを守ろうとするのは悪いことではなかろう。

妻は物事にこだわらなかった

妻はあまり物事にこだわらなかった。

ブランド品に関心を持たず、過去にも執着せず、持ちもののすべてにこだわりを持っていなかった。しかも何かというと、妻は物を捨てた。

油断していると、ゴミとみなされて、私の大事なものも捨てられてしまった。まだ着るつもりだった服、よれよれになっているが、気に入って使っていたバッグなどがいつの間にか捨てられていた。

妻は私の所有する大量の本とＣＤとＤＶＤとＢＤを目の敵にして、なるべく早く手放すよう迫った。妻自身のものについては、ためらわずに捨てていた。

「邪魔になる」という言葉を妻はよく使った。「邪魔になるから捨てる」と言っては、私だったら思い出として残しておきたくなるものも捨てていった。

癌とわかった後も態度に変わりはなかった。「私の思い出のものなんて残しておかなくていい。私のものはすべて捨てていい。私を写した写真もすべて捨てていい。何も残さなくていい。きれいさっぱり、この世からなくしてくれてかまわない」。それを繰り返し口にした。

ホスピス病棟に入ってからも、「私のものは全部捨ててね」と繰り返していた。

妻はよく居眠りをした。これは妻の困った習性だった。それも、物事にこだわらないが故の生活態度だろうと思う。

もちろん、自宅にいる時、テレビをつけっぱなしにして寝るのは日常茶飯事、というよりもテレビをつけて、目を覚まして番組の最後まで見ていることのほうが珍しかった。それどころか、録画予約をしている最中に眠ったようで、妻が手にリモコンを持ち、テレビに番組表の予約画面が映し出されたまま寝入っているのを見ることも多かった。

いやいや、それどころではない。私と二人で話している時も、家族数人で話している時も、なんだか急に静かになったと思うと、妻の寝息が聞こえてきた。

どうやら、妻はすぐに脳をオフにできるようだった。「つまらない」と思ったとたん、脳をオフにする。いや、オフにするというより前に、オフになる。そのとたんに眠りに落ちる。そんなメカニズムだと思う。

こだわらない、すぐに眠ってしまう、ということは、すぐに諦めてしまうということでもあった。妻は諦めが早かった。

何か努力して身につけなければならない時、いや、身につけるどころか、何か面倒なことをして何かを獲得する必要がある時、妻はすぐに諦めることを選択した。

何かうまくいかなかったことがあると、妻はしばしば人のせいにして怒り出す。「あんたがあの時、あんなことをしたからこんなことになったのよ」などと言い出す。だが、それは長続きしない。そのうち、「もういいよ。もうやめようよ」と言い出す。諦めずにぐずぐずしていることは、妻には踏ん切りがよくないように見えるらしい。

変えられないものはあきらめる

妻はＩＴが苦手だった。パソコンとスマホは何とか使っていたが、それも限定的だった。アプリを入れようとして、それができずに途中であきらめることもしばしばだった。買い物をしているうちに、買い物かごに入れたはずのものが行方不明になっていたり、パスワードがわからなくなって途中で作業が止まってしまったりといったことがたびたびあったようだ。何かの不具合で、メールが見られなくなることさえあった。

そんな時には、さっさと諦めて、「もう買わなくていい」「こんなアプリは使わないことにする」「メールを使うのをやめる」などと口にしていた。ほんのちょっとだけ根気よく作業を続ければ、きっとうまくいくと思われることでも、まるでヤケになったように諦めた。

妻は、「変えられないものについては、じたばたするのはやめよう」と思っていた節がある。じたばたして後を引くよりは、きっぱり諦めて、別のことをしよう、というのが妻のいつもの考えだった。

妻はきっと自分の命についてもさっさと諦めたのだろう。自分の命にこだわって助かろうとすることを、潔くないと思ったのだろう。


私は妻の信じられないほどのこだわりのなさ、諦めの早さは仏教的な諦観に似たものがあると思う。様々な物事にこだわらなかったのは、きっとそれらを仮のものととらえていたからだろう。すべては仮のものであって、通り過ぎていくもの、それにこだわりを持つのはバカらしい、そのような意識だったのだろうと思う。

妻はもちろん仏教について語ったりはしなかった。諦観について語ることもなかった。しかし、あらゆるものにどっぷりとつからず、距離を置き、自分を特別のものととらえず、あらゆるものを、いわば仮のものとみなす態度は、仏教を思い出さずにはいられない。

仏教では、物事へのこだわり、執着を捨てるように促す。それらは煩悩であるとみなす。煩悩を捨て、様々なことを諦め、長生きしたいともお金持ちになりたいとも愛を確かめたいとも思わず、そのような欲を捨て、日常の様々なことにもこだわらずに生きる、それが仏教の教えといえるだろう。

禅で用いられる言葉に「放下著」がある。何やら下着を放り出すさまが目に浮かぶような言葉だが、これは「ほうげじゃく」と読む。

中国、元代の『従容録《しょうようろく》』という禅書に出てくる言葉だそうだ。その中に、以下のようなやり取りがある。ある時、趙州《じょうしゅう》和尚のもとに、一人の修行僧が訪ねて問いかける。

厳陽尊者趙州に問う、「一物不将来《いちもつふしょうらい》の時如何」
州云く、「放下著《ほうげじゃく》」
厳云く、「已に是れ一物不将来箇の甚麼《なに》をか放下せん」

州云く、「恁麼《いんも》ならば即ち担取し去れ」


現代語に訳すと、以下のようになる。

厳陽が尊者趙州に尋ねた。「私はすべてのものを捨て去って何も持っていない。これから先、どう修行すればいいのでしょう」

趙州が答えた。「捨ててしまえ」

厳陽が言った。「もう何も持っていません。これ以上何を捨てるのでしょうか」

趙州が答えた。「そんなことなら、すぐに担いで行ってしまえ」


つまり、このエピソードが語っているのは、徹底的に捨てる思想だ。何も持たない、何も手にしない。それだけでなく、それでも残るもの、すなわち「我」さえも捨ててしまえと言っているのだろう。そして、それを捨てる覚悟がなければ修行できないと語っているのだろう。

もちろん、妻は修行する気はなかった。禅に近づこうとはしなかった。そのような努力の必要なものは嫌った。そもそも妻はそのようにストイックではなかったし、生真面目でもなかった。だが、図らずも妻は禅が理想とするような姿勢を自然のうちに身につけていた。特に努力するでもなく、様々なものを捨て、モノにこだわらずに生きようとしていた。

ただし、妻は自分から自我を捨てようとはしなかった。菫としての意地は保っていた。それが保てなくなると怒っていた。したがって、この『従容録』で伝えられるエピソードで言えば、妻は自我だけは捨てきれずにいる不徹底な修行僧レベルの達成度だったとは言えるが、しかし、このような心持ちでいたからこそ、命に限りがあることを宣告され、自分の命を捨てることになるとわかっても、動じることがなかったのだろう。

禅を行う人のようにストイックに生きることは難しい。しかし、妻のような精神で、このような境地に近づくのは、さほど難しいことではないのではないか。ともかく、こだわらず、できるだけさっさと捨ててしまうようにし、さっさと諦める。そうしたことは、少なくとも晩年を生きるには大事な知恵だと私は思う。

妻はきれいごとが嫌いだった

妻はきれいごとを受け入れなかった。「出身大学なんて関係ない。これからの頑張り次第でいくらでも取り返すことができる」「経済力がなくても、愛さえあれば乗り切れる」「人間に最も大事なのは真心だ」といったきれいごとは拒否した。もちろん、「学歴がすべて」と考えていたわけではないが、学歴や経済力はきわめて大事な要素であって、それなしに人間の真心や正義や愛情ではどうにもならないことを知っていた。

したがって、リベラリズムの考え方にも否定的だった。「すべての人の人権を守るべきだ」「少数者を尊重するべきだ」「多様な価値観を認め合って、様々な民族が共生するべきだ」というような理想主義的な意見には懐疑的だった。

「そんなことができるはずがない」「何か大惨事などが起こったら、少数者は取り残されるに決まっている。経済的に余裕があるうちはそんなことを言っていられるけれど、余裕がなくなったら、また弱肉強食になる。リベラリズムなど、お金持ちの理想主義者のたわごとだ」、煎じ詰めて言えば、妻はそのように考えていた。だから、理想主義的なことは口にしなかったし、誰かがそれを言うと懐疑的になった。

癌の再発が判明して数回目の入院の際、看護師さんに呼び出されたことがあった。どうやら妻はもう自分が助からないことを強く自覚していたようだ。ところが、看護師さんはまるで希望があるようなことを言う。さすがに妻としても、それに対して面と向かって「どうせ私は死ぬんでしょ」と歯向かうほどの非常識ではない。だが、まじめに聞く気はない。

看護師さんはあれこれのアドバイスをするが、妻はそのようなことをしてもどうせ無駄だろうと思っている。きっと妻はそのような態度を表に出したのだろう。私や私の家族は、妻がその時どのような表情をしていたのか想像がつく。しかし、看護師さんはそのような患者をこれまであまり見たことがなかったのだろう。

「奥さまは、医療に対して不信感を持っておられるのでしょうか」「それとも、痴呆《ちほう》が入っているのでしょうか」「私たちの話を少しも聞いてくれないんです」「私たちの話を聞いた風に見えても、全然守ってくれないんです」。そのように訴えられた。

私としては、「妻は痴呆ではない」「これまで医師の指示通りにしてきたが、少しも改善されなかった。それでそのような態度をとるのだと思う。ご容赦願いたい」と話すしかなかった。

相手がどう考えるか、自分がどれほど感じの悪い態度をとっているかといったことについては無頓着だった。きっと妻は心の中で、医療のきれいごとに腹を立てていたのだと思う。

「歯に衣着せずにはっきり言ってほしい。まるで、よくなるかのような、あるいはこれからもずっと生きていけるかのような言い方はしないでほしい。疲れたから、つまらないことはさっさと終わりにして、次の作業に移ってほしい」と思っていたに違いない。

妻は純粋な気持ちというものに対しても懐疑的だった。妻自身が純粋ではなかったということかもしれないが、常に何か「魂胆」があるのではないかと勘繰《かんぐ》った。

年の差のある人との結婚についても、「愛しているから」とは考えずに、「財産目当て」「相手が死んだ後に好きなことをしたいから」などと考えるようだった。テレビでも、純粋な気持ちで愛したり、人に尽くしたりするドラマは好みではなかった。それよりは、駆け引きによって利益を得るために策略を実行する話の方を好んだ。

妻はロマンティックな考えをしなかった。ロマンス小説も読まなかったし、ロマンティックなドラマも見なかった。女性が主人公であっても、オフィス内の出来事などをテーマにしたものや歴史ドラマを好んだ。純粋な愛だ恋だというものよりも、権力や打算によって人の心が翻弄されるようなドラマを好んだ。

菫は、愛だ恋だ自由だ人権だといったことは言わない。ただ自分が生きていける場所を探して生きていく。愛だ恋だ自由だ人権だというのは、きわめて人間的な考え方なのだ。妻は人間中心の考えに懐疑的だった。大事なのは日々の生活だった。高邁《こうまい》なことは言わず、ただ日々自分らしく精一杯生きていくことだった。

社会の片隅で一人死んでいく

妻は人間をどうやら、理性や豊かな感受性で生きる存在とは思っていなかったようだ。田舎育ちで、子どものころには家で鶏を飼い、きっと鶏の解体を、自分ではしないにしても目にしていただろう。都会の子どもがするはずのない仕事もしていたのかもしれない。少なくとも大人がそのようなことをするのを見ていただろう。

私が「人間」について考える時、どうしても「精神」「思想」を真っ先に考える。ところが、妻は「経済」を考えた。いや、それ以上に、排泄《はいせつ》、生理、ゴミを考えた。ドラマを見ながら、「この人たち、トイレとかどうしてるんだろう」「そんなわけないよ。人間だったら、絶対にウンチしないわけにはいかないんだから」などと、ドラマの約束事を無視した、しかしきわめて鋭い疑問を口にしていた。妻にとって、人間は思索する存在である前に、排泄し、生殖し、ゴミを出し、死んだら腐敗する存在だった。

ジョルジュ・バタイユは、『エロティシズム』（澁澤龍彦訳）の中で、次のように語っている。

人間は本質的に、みずからの動物的必要を否定している。人間の禁止の大部分は、その点に基づいているのであり、禁止の広く普及していることは、まことに驚くべきであると同時に、また至極当り前のことのようにも見えるので、誰もそのことを問題にしないほどである。たしかに民族誌学は月経の血のタブーを扱うし、私たちもこれをふたたび採りあげるつもりだが、しかし厳密に言えば聖書だけが、互いに裸を意識したアダムとイヴの物語によって、猥褻の一般的禁止に特殊な一つの形式（裸体の禁止という形式）をあたえているにすぎないのである。それにしても、本質的に人間的事実である排泄の恐怖については、誰一人としてこれを語らない。私たちの排便に関する規則は、成人のあいだでは、いかなる注意や反省の対象でもなく、タブーの数にも入らないほどだ。つまり、誰もそれについては語らないほど徹底的に否定的な、動物から人間への移行の一様式であったのである。私たちはこれを人間の宗教的反動のせいにしようとは思わないが、しかし最も不条理なタブーをそこに見出す。この点については、否定があまりにも完全なので、そこに何か注目すべきものがあったということを推測するのも具合が悪いほどだ。

(ジョルジュ・バタイユ『エロティシズム』澁澤龍彦訳、二見書房)

つまり、人間は動物であるのに、それを否定して生きている。人間は排泄する存在なのに、それを否定して様々なことを語っている。バタイユはそれを批判して、排泄する存在としての人間を描こうとしている。

妻がきれいごとを信じなかったのは、根底にこのような考えがあったからだと思う。そして、だからこそ、高邁な思想を身にまとおうとするのではなく、排泄する人間として、裸の人間として、社会の片隅で一人死んでいくことを、何ら疑問には思わなかったのだろう。たかだか人間とは、妻にとっては、そのような小さな存在だったということだろう。

妻は菫として生きていこうとした。だが、それ以前に、おそらく妻は、自分だけでなく、人間というものはたかだか菫のような存在だと考えていたのだろう。

偉そうなことを言っても、見栄を張っても、高邁なことを言っても、たかだか菫のような小さな存在でしかない。哀れにも自我を拡大させ、自分を特別なものという錯覚を持ち、誇大妄想的に生きているに過ぎない。そう思っていたのだろう。その中で、一人だけでもまっとうに菫らしく生きていこうとしていたのだと思う。

自然をもっと感じたい

晩年の妻が関心を持っていたのは、自然を見るタイプの旅行だった。

ツアーによるバス旅行や、姉と行く温泉旅行を楽しみにしていたようだ。おそらく、全国各地の温泉に出かけたのではないかと思う。私は仕事で忙しくて付き合わなかったが、テレビに温泉地が出ると、必ずといってよいほど、「あ、ここに入ったことがある。ここの温泉は……」と語りだした。「今度一緒に行こうよ」と誘われることも多かった。私は基本的に温泉には関心がないので無視していても、ずっと語り続けていた。

ところが、50歳を過ぎたころから、温泉ではなく、自然を見ることを好む傾向が強まっていた。屋久島、御嶽山、北海道の礼文島、利尻島、沖縄の島々に好んで行った。私も誘われることがあったが、大学を定年退職した後も、日本語学校の校長の仕事につき、執筆活動もあり、暇な時間ができたら一人で海外旅行に行く方を好んだので、妻はツアーに参加したり、姉と同行したりしていた。本当にすべての仕事を辞めたら、その時に私ものんびりと妻と旅行することになるのだろうと思っていた。

旅行から帰ると、妻は写真の整理をしたり、おみやげ物を出したりして、あれこれと話をした。私には関係のない話だったので、あまり耳を傾けなかったのを今では少々悔やんでいる。ただ、私が海外旅行に行った後に、それについて話をしても、妻はあまり関心を持たない風だったので、お互いさまとは言えるだろう。

ともかく、妻は私と違って、コンサートや映画という室内型の好みではなく、自然を愛し、動物を愛する、しかも特定の一部のものを溺愛したり偏愛したりするというのではなく、全般を愛するという傾向が強かった。

妻が京都の私立大学の通信教育部のランドスケープデザインコースでデザインを学んだのも、そのような方向からだっただろう。

妻は自然と人間との調和、エコロジー、庭園などに関心を寄せ、あれこれとこの種の書物も読んでいた。私たちの暮らす市のボランティアで市の景観について話し合っていた。学ぶことを楽しむと同時に、きっと本気で自然をもっと感じたいと思っていたのだと思う。

自然と親しむこと、それは人間中心主義を離れて、野草の目で社会を見ることにもつながっていただろう。ハイキングに行き、鳥や草花を見て、きっと妻は生に執着することに息苦しさを感じていたのだろう。

『テキスト　ランドスケープデザインの歴史』（武田史朗・山崎亮・長濱伸貴編著、学芸出版社）という本を妻の本棚の中に見つけた。ランドスケープの基本のテキストらしい。その冒頭、「はじめに」の部分には、編著者一同によって、以下のように書かれている。

> セントラルパークがつくられたのは今から約１６０年前。ランドスケープアーキテクトという職能が生まれたのもほぼ同じ時期だ。設計者のオルムステッドがその第１号を名乗り、以来１６０年に渡って世界各地で様々な風景がつくられてきた。

オルムステッドが都市空間に込めた想いは3つある。「参加」と「芸術」と「環境」だ。人種差別に関する記事を書くジャーナリストだったオルムステッドは、あらゆる人の社会参加を願っていた。人種や性別や年齢に関係なく、ゆっくりと時間を過ごすことのできる公共空間をつくること。この視点はその後、様々な住民参加運動へと展開していく。「参加」の視点である。そして、こうした公共空間は美しい空間でなければならない。「芸術」の視点である。風景絵画のように美しい公共空間をつくること。この視点はその後、モダニズムなど設計における新しい美学の探求へと展開していく。最後は「環境」の視点である。過密化する都市内にきれいな空気を吸うことのできる良好な環境を生み出すこと。また、拡大する都市の成長を緑地で制御すること。これらの視点はその後、国立公園運動やナショナルトラストなどの環境保全運動へと引き継がれていく。

妻がこの「はじめに」の理念に同意していたかどうかは知る由もないが、妻の学ぼうとしたランドスケープがどのようなものかわかる。

妻は、過密化し殺伐《さつばつ》としてゆく都市に地方の自然を美しく取り入れることを考えていたのだろう。言い換えれば、田舎にある自然の生と死の連関を無機的な都市にもたらし、自然と人間が共生できることを目指すものだった。妻がこのような考えに基づくランドスケープに惹かれたことはよく理解できる。自分の生活の中に田舎を残しておきたかったのだろう。そして、自分が一個の菫であることを常に感じていたかったのだろう。

菫のような小さな人として生きていくには、自然を感じることが大事だろう。田舎で育ったわけではない人も、都市の中に自然を見つけ、その生命と死を味わうことによって、田舎を体感することができるかもしれない。

あとがき

私はこの文章を妻の生前からメモとして書いていた。妻亡きあとも心の記録として書き続けた。書くのがつらくなって長く中断することもあったが、ともあれ自分のために書いた。

書き進めるうち、家族や、今はまだ字を読めない孫、これから生まれてくるかもしれない孫にも妻の生と死について知らせたいと思った。もっと書き進めるうち、いや、妻の生き方、死に方、そして古今東西の様々な死生観についての私の考えは、これから死を迎える多くの人に、あっぱれな死をもたらすヒントになるのではないか、私の文章を多くの人に読んでいただいてもよいのではないかと思い始めた。

そうして、旧知の幻冬舎役員の福島広司さんに原稿を見せ、編集者の木田明理さんのアドバイスを得て本書が出来上がった。

書き終えて、やはり心配なのは、果たしてこれは妻が草葉の陰から喜んでくれるような本になったかどうかだ。もしかすると、妻はかんかんに怒って、「私を出汁に使って何を書いてるの！」「こんなことまで書かなくていいのに！」と言いそうな気がする。

だが、思い出すことがある。私は２００４年に『頭がいい人、悪い人の話し方』（PHP新書）を書いた。その本は愚かな話し方の例を集めたものだった。その中には妻をモデルにした項目がいくつもあった。妻はその本を読んで血相を変えて怒った。「これ、私のこと？　なんてひどい本を書いたの！」

だが、その本は２５０万部のベストセラーになった。短期間だったが、我が家は経済的に潤った。現金なもので、妻は文句を言わなくなった。それからしばらくして、私の本が売れずにいると、皮肉な顔で、「私のことをモデルにして書いたっていいのよ」と言い出していた。

本書で紹介した妻の生と死が多くの人の生き方、死に方のヒントになってくれれば、こんなうれしいことはない。そうなれば、妻も私がこの本を書いたことを許してくれるだろう。

なお、本書の冒頭にマンガを描いてくれた、ひえじまゆりこは、本書にも何度か登場した妻の姉の娘（つまり妻の姪）だ。冒頭のマンガに登場する妻は実際の姿を彷彿《ほうふつ》させる。これをみれば妻もきっと喜ぶだろう。

最後になったが、自分のためだけに書いていたこの原稿をこのような形で世に送り出してくださった幻冬舎の方々にお礼を申し上げる。

著者略歴

樋口裕一《ひぐちゆういち》

一九五一年、大分県生まれ。

早稲田大学第一文学部卒業後、立教大学大学院博士後期課程満期退学。

フランス文学、アフリカ文学の翻訳家として活動するかたわら、
受験小論文指導の第一人者として活躍。

現在、多摩大学名誉教授。

通信添削による作文・小論文の専門塾「白藍塾」塾長、
MJ日本語教育学院学院長。

二五〇万部の大ベストセラーとなった
『頭がいい人、悪い人の話し方』（PHP新書）のほか、

『65歳　何もしない勇気』（幻冬舎）、

『「頭がいい」の正体は読解力』『笑えるクラシック』（ともに幻冬舎新書）など著書多数。

幻冬舎新書 718

凡人のためのあっぱれな最期
古今東西に学ぶ死の教養

二〇二四年一月三十日 第一刷発行

著者 樋口裕一
発行人 見城 徹
編集人 小木田順子
編集者 小林駿介 福島広司
発行所 株式会社 幻冬舎
〒一五一-〇〇五一 東京都渋谷区千駄ヶ谷四-九-七
電話 〇三-五四一一-六二一一(編集)
〇三-五四一一-六二二二(営業)
公式HP https://www.gentosha.co.jp/
ブックデザイン 鈴木成一デザイン室
印刷・製本所 中央精版印刷株式会社

検印廃止

Printed in Japan ISBN978-4-344-98720-3 C0295
ひ-2-4

*この本に関するご意見・ご感想は、左記アンケートフォームからお寄せください。
https://www.gentosha.co.jp/e/